YSGRIFAU AR HANES CYMRU

TORFAEN LIBRARIES
WITHDRAWN

Book No. 1394034

Wyneb-lun: Elwyn Roberts, Gwynfor Evans a D. J. Williams ger argae
Llyn Celyn ar ddiwrnod yr agoriad, 21 Hydref 1965.

COF CENEDL XVI

YSGRIFAU AR HANES CYMRU

Golygydd
GERAINT H. JENKINS

Gwasg Gomer

Argraffiad cyntaf—2001

ISBN 1 85902 965 5

© Gwasg Gomer 2001

Cedwir pob hawl. Ni chaniateir atgynhyrchu unrhyw ran o'r cyhoeddiad hwn na'i gadw mewn cyfundrefn adferadwy na'i drosglwyddo mewn unrhyw ddull na thrwy unrhyw gyfrwng electronig, electrostatig, tâp magnetig, mecanyddol, ffotogopïo, recordio, nac fel arall, heb ganiatâd ymlaen llaw gan y cyhoeddwyr, Gwasg Gomer, Llandysul.

Dymuna'r cyhoeddwyr gydnabod cymorth
Adrannau Cyngor Llyfrau Cymru.

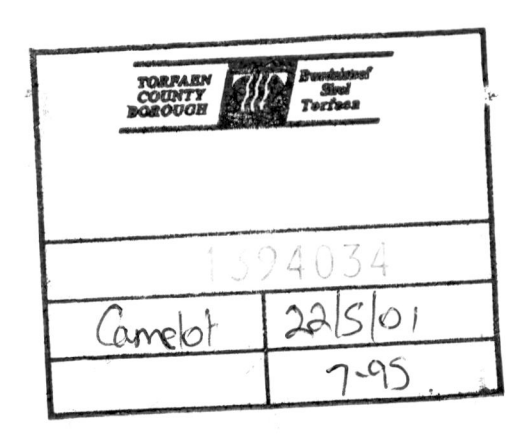

Argraffwyd gan
Wasg Gomer, Llandysul, Ceredigion

Nid creu cenedl o ddim ydyw'n gwaith, ond amddiffyn a datblygu, addurno a helaethu, etifeddiaeth a ddaeth inni oddi wrth ein tadau.

R. T. Jenkins

A oes a'ch deil o hyd mewn Cof a Chalon,
Hen bethau anghofiedig teulu dyn?

Waldo

Rhaid i bob hanesydd ddweud ei stori yn argyhoeddiadol, neu gael ei anwybyddu.

Norman Davies

Cynnwys

	Tudalen
Lluniau	viii
Rhagair	x
Y Cyfranwyr	xiii

Y Bardd a'i Noddwr yn yr Oesoedd Canol Diweddar:
Guto'r Glyn a Hywel ab Ieuan Fychan o Foeliwrch
Bleddyn Owen Huws   1

Cyfraniad Hynafiaethwyr Oes y Stiwartiaid
i Ddiwylliant ein Cenedl
Nesta Lloyd   33

Papurau Howell Harris
Geraint Tudur   65

Un o Ferched Britannia:
Gyrfa yr Addysgwraig Elizabeth P. Hughes
W. Gareth Evans   95

Brwydr Butlin's:
Tirlun, Iaith a Moesoldeb ym Mhen Llŷn, 1938–47
Pyrs Gruffudd   123

'A Very Ordinary, Rather Barren Valley':
Argyfwng Tryweryn a Gwleidyddiaeth yr Amgylchedd
yng Nghymru
Owen Roberts   155

Lluniau

Wyneb-lun: Elwyn Roberts, Gwynfor Evans a D. J. Williams ger argae Llyn Celyn ar ddiwrnod yr agoriad, 21 Hydref 1965.

1 Rhan o gywydd Guto'r Glyn i Foeliwrch a dechrau ei gywydd mawl i Hywel ab Ieuan Fychan (Ll.G.C. Llsgr. 8330B, ffolios 323v–325r). 5
2 Tabl Achau rhai o ddisgynyddion Ieuan Gethin ap Madog Cyffin. 6
3 Llun o Foeliwrch fel yr oedd ym 1953 (Y Cofnod Henebion Cenedlaethol). 14
4 Y Dyn Sodiac (Ll.G.C. Llsgr. 3026C, t. 26). 21
5 Harri IV (Henry Bolingbroke), Brenin Lloegr 1399–1413 a gelyn mawr i Owain Glyndŵr. 27
6 Arfbais y Cyffiniaid (Ll.G.C. Llsgr. Peniarth 109), a rhan o gywydd Lewys Glyn Cothi i Faredudd ap Hywel a thref Croesoswallt. 29
7 Wynebddalen *Historiae Brytannicae Defensio* (1573) gan Syr John Pryse. 38
8 Darlun o William Camden (1551–1623) ar fedaliwn efydd. 45
9 Hengwrt, Llanelltud, sir Feirionnydd, lle yr ymhyfrydai Robert Vaughan yn ei lyfrgell odidog o lawysgrifau Cymraeg. 48
10 'Hanes Daret am dinustriad Troia' yn llaw John Jones, Gellilyfdy (Ll.G.C. Llsgr. Peniarth 314E, ffolio 6). 53
11 'Hanes Daret am ryfeloedd a Brwydrau Troya' yn llaw John Jones, Gellilyfdy (Ll.G.C. Llsgr. Peniarth 266D, ffolio 1). 54
12 Darlun o Edward Lhuyd (1660–1709) yn Llyfr Noddwyr Amgueddfa Ashmole. 62
13 Howell Harris, arweinydd y mudiad Methodistaidd. Yn ôl Robert Jones, Rhos-lan: 'Yr oedd ef yn ŵr o feddwl cryn anorchfygol; ni chymerai yn hawdd ei blygu.' 68
14 Morgan Hugh Jones (1873–1930), gweinidog gyda'r Methodistiaid Calfinaidd a golygydd *Cylchgrawn* y Gymdeithas Hanes rhwng 1920 a 1930. 77
15 Gomer M. Roberts (1904–93), prif hanesydd Methodistiaeth Calfinaidd Cymru. 78
16 Y cofnod cyntaf, dyddiedig 25 Mai 1735, yn nyddiadur Howell Harris. 82
17 Enghraifft o ddull diddorol Howell Harris o ysgrifennu mewn patrymau. 84

Lluniau ix

18	Llun o Goleg Trefeca ym 1768.	88
19	Yr addysgwraig Elizabeth Phillips Hughes (1850–1925).	98
20	Sarah Jane Rees (Cranogwen), 1839–1916.	102
21	Fel y dengys y cartŵn hwn o'r *Birmingham Owl* ym 1894, yr oedd Hugh Price Hughes, brawd Elizabeth, yn pleidio achos merched.	104
22	Ym 1885 penodwyd Elizabeth Hughes yn brifathrawes gyntaf Coleg Hyfforddi Athrawesau Caer-grawnt.	109
23	Clawr (wedi ei lofnodi gan yr awdur) darlith brintiedig Elizabeth Hughes ar 'The Education of Welsh Women', 1887.	112
24	Ym 1950 rhoddwyd yr enw 'Elizabeth Phillips Hughes Hall' ar Goleg Hyfforddi Athrawesau Caer-grawnt.	120
25	Billy Butlin yn tywys y Frenhines Elisabeth II a Dug Caeredin o amgylch gwersyll Butlin's, 21 Hydref 1965.	129
26	Dull Cwmni Butlin's o hysbysebu atyniadau ei wersylloedd gwyliau.	134
27	Hysbyseb a gyhoeddwyd gan Gwmni Butlin's yn y *Caernarvon and Denbigh Herald*, 12 Mai 1944.	142
28	Golygfa o'r awyr o Wersyll Gwyliau Pwllheli.	146
29	Cartŵn yn portreadu Billy Butlin a'i fwtler Moelwyn (Moelwyn Hughes) yn saethu Dewi Sant (*Y Ddraig Goch*, cyfrol 15, 1946).	149
30	Hysbyseb a ymddangosodd yn *Y Cymro*, 11 Ebrill 1947.	151
31	Cae Fadog, Capel Celyn, fferm raenus a ffrwythlon a oedd yn eiddo i'r Comisiwn Tir.	159
32	Dafydd Roberts, Cae Fadog, gŵr a fu'n bostmon rhan-amser yng Nghwm Celyn am dros hanner canrif.	160
33	Map a luniwyd gan Ifor Owen yn dangos maint cynllun gwreiddiol Corfforaeth Lerpwl.	165
34	Iorwerth C. Peate yn annerch Rali Plaid Cymru ym mis Hydref 1956. Meddai: 'Wrth foddi ardal yng Nghwm Tryweryn y mae darn o Gymreictod yn marw am byth.'	168
35	Protest trigolion Cwm Celyn a'r cylch yn Lerpwl, 21 Tachwedd 1956.	181
36	Protestwyr Cwm Celyn a'r cylch yn gorymdeithio drwy ddinas Lerpwl, 21 Tachwedd 1956.	182

Rhagair

Fel y gellid disgwyl, bu mwy o ddathlu ledled Cymru nag erioed o'r blaen ar Ddydd Gŵyl Owain Glyndŵr yn 2000, sef ar achlysur 600 mlwyddiant dechrau gwrthryfel Glyndŵr yn erbyn llywodraeth Lloegr. Agorwyd Sycharth, safle cartref Glyndŵr yng Nglyndyfrdwy, ar gyfer ymwelwyr. Dadorchuddiwyd cofgolofn i Glyndŵr ym Machynlleth ac yn yr un dref hynafol trefnwyd darlith ar arwyddocâd y gwrthryfel i'w thraddodi gan yr Athro Rees Davies. Aeth pump o'n beirdd amlycaf ar daith afieithus drwy Gymru i gyflwyno hanes y gwrthryfel ar gerdd a chân. Cynhyrchodd Y Lolfa stamp trawiadol i ddathlu'r achlysur a hefyd lyfr lliwgar i blant a fydd, gobeithio, yn eu hysbrydoli i ddysgu mwy am un o'n harwyr mwyaf. I lawer ohonom, serch hynny, yr uchafbwynt pennaf oedd y cyfle i weld trysor o lawysgrif a fenthyciwyd gan Lyfrgell Genedlaethol Cymru oddi wrth Archives Nationales, Paris, sef Llythyr Pennal, y llythyr enwog a anfonodd Owain Glyndŵr ar 31 Mawrth 1406 at Siarl V, Brenin Ffrainc, yn addef ei deyrngarwch i'r Pab Benedict XIII yn Avignon yn hytrach nag i'r Pab yn Rhufain. Ymhlith pethau eraill, galwodd Glyndŵr am Eglwys Gymreig yn annibynnol ar Gaer-gaint, am gyfyngu bywiolaethau yng Nghymru i Gymry Cymraeg, ac am sefydlu dwy brifysgol yng Nghymru, y naill yn y gogledd a'r llall yn y de. Gŵr a chanddo weledigaeth arbennig oedd Glyndŵr. Yn ei lythyrau ac ar ei sêl fawr fe'i disgrifiai ei hun fel 'Owain drwy ras Duw tywysog Cymru' a chyfeiriai'n aml at 'fy nghenedl' ac 'ein cenedl' yn ei ddatganiadau swyddogol. A chan mai dathlu clod ein traddodiad hanesyddol cenedlaethol yw nod y gyfres hon, gweddus yw cofio hynny.

Wrth gydnabod yn ddiolchgar y gefnogaeth a'r cydweithrediad a gefais gan bob cyfrannwr i'r gyfrol hon, y mae'n chwith iawn gennyf nodi bod un ohonynt, sef Dr W.

Gareth Evans, wedi marw, ac yntau ym mlodau ei ddyddiau, cyn i'w gyfraniad weld golau dydd. Carwn ddiolch i'w briod Kathleen a'i fab Rhys am eu cydweithrediad wrth baratoi ei ysgrif ar gyfer y wasg. Byddai Gareth yn edrych ymlaen yn eiddgar bob blwyddyn at gyhoeddi rhifyn newydd o *Cof Cenedl* a chawsom sawl seiat ddifyr yn trafod y cynnwys. Ni fu neb yn fwy gweithgar nag ef yn y blynyddoedd diweddar yn hybu dysgu hanes Cymru mewn ysgol, coleg a phrifysgol, ac y mae'r pwnc yn dlotach o lawer o'i golli.

Unwaith eto, pleser yw dal ar y cyfle i ddiolch am y cymorth a gefais gan Aeres Bowen Davies, Glenys Howells a Dewi Morris Jones wrth roi trefn ar yr unfed rhifyn ar bymtheg hwn. Braf, hefyd, yw cydnabod parodrwydd Bethan Matthews o Wasg Gomer i roi mor hael o'i hamser wrth lywio'r gyfrol drwy'r wasg.

Gŵyl Owain Glyndŵr 2000　　　　　　*Geraint H. Jenkins*

Y Cyfranwyr

Y diweddar Ddr W. GARETH EVANS, Darllenydd, Yr Adran Addysg, Prifysgol Cymru Aberystwyth

Dr PYRS GRUFFUDD, Darlithydd, Adran Daearyddiaeth, Prifysgol Cymru Abertawe

Dr BLEDDYN OWEN HUWS, Darlithydd, Adran y Gymraeg, Prifysgol Cymru Aberystwyth

Dr NESTA LLOYD, cyn-Ddarlithydd, Adran y Gymraeg, Prifysgol Cymru Abertawe

Mr OWEN ROBERTS, Myfyriwr ôl-raddedig, Adran Hanes a Hanes Cymru, Prifysgol Cymru Aberystwyth

Dr GERAINT TUDUR, Darlithydd, Ysgol Diwinyddiaeth ac Astudiaethau Crefyddol, Prifysgol Cymru Bangor

Dymuna'r golygydd a'r cyhoeddwyr ddiolch i'r canlynol am ganiatâd i atgynhyrchu'r lluniau hyn:

Amgueddfa Ashmole, Rhydychen: Rhif 12.
Bleddyn Owen Huws: Rhif 2.
Ifor Owen: Rhif 33.
Llyfrgell Genedlaethol Cymru: wyneb-lun, Rhifau 1, 4, 6, 7, 9, 10, 11, 13, 14, 15, 16, 17, 18, 20, 21, 23, 25, 31, 32, 34, 35, 36.
Neuadd Hughes, Caer-grawnt: Rhifau 22, 24.
Oriel Portreadau Cenedlaethol, Llundain: Rhif 5.
Prifysgol Cymru Abertawe: Rhifau 26, 27, 28, 29, 30.
W. Gareth Evans: Rhif 19.
Y Cofnod Henebion Cenedlaethol: Rhif 3.
Yr Amgueddfa Brydeinig: Rhif 8.

Y BARDD A'I NODDWR YN YR OESOEDD CANOL DIWEDDAR: GUTO'R GLYN A HYWEL AB IEUAN FYCHAN O FOELIWRCH

Bleddyn Owen Huws

Rhodd priodas urddas oedd,
Rhwymyn Duw rhôm ein deuoedd.

Guto'r Glyn

Ac eithrio Lewys Glyn Cothi, nid oes neb arall o blith cywyddwyr y bymthegfed ganrif sydd wedi gadael darlun llawnach inni yn ei waith o agosrwydd y berthynas a fodolai rhwng bardd a noddwr na Guto'r Glyn. Y mae modd ymdeimlo yn ei gerddi ef â chynhesrwydd y gyfeillach yng nghartrefi'r noddwyr ac ymglywed â'r math o gymdeithasu rhadlon braf a seiliwyd ar y teimlad o berthyn ac o adnabod a geid ar aelwydydd lle'r oedd y bardd a'i noddwr yn coleddu'r un gwerthoedd diwylliannol. Yn ogystal â hynny hefyd, ceir cip yng ngwaith Guto'r Glyn ar y rhwydwaith o gysylltiadau teuluol a oedd gan y noddwyr wrth i'r bardd ganu i aelodau o ganghennau gwahanol o'r un teulu mewn cymdeithas a roddai bwys mawr ar berthynas waed. Un o noddwyr Guto yn y gogledd-ddwyrain oedd Hywel ab Ieuan Fychan o Foeliwrch (Moelyrch yw'r ffurf a geir yn y farddoniaeth) ym mhlwyf Llansilin, cwmwd Cynllaith. Er mai canolbwyntio ar un noddwr a'i deulu mewn cornelyn bychan o Gymru a wneir yn yr ysgrif hon, yr oedd amgylchiadau'r teulu hwnnw yn ddigon nodweddiadol o ugeiniau lawer o deuluoedd nawdd ym mharthau eraill y wlad yn yr Oesoedd Canol Diweddar.

Er bod Guto yn dweud iddo ganu tri chywydd ar ddeg i Hywel, nid oes ond tri wedi goroesi, a rhan o'u harbenigrwydd yw eu bod yn rhoi cipolwg inni ar rai o swyddogaethau'r bardd yn y bymthegfed ganrif nad yw darllenwyr cyfoes, efallai, mor gyfarwydd â hwy. Y mae pawb a ŵyr rywbeth am Feirdd yr Uchelwyr yn ymwybodol mai canu cerddi mawl a marwnad i noddwyr oedd eu priod waith. Ond o bryd i'w gilydd hefyd, cyfansoddent gerddi ar amrywiol achlysuron penodol, megis pan fyddai noddwr yn glaf, neu pan fyddai'n adnewyddu ei gartref neu'n adeiladu tŷ o'r newydd. Cywyddau i iacháu ac i ddathlu codi tŷ yw dau o'r cywyddau a ganodd Guto i Hywel ab Ieuan Fychan, a chywydd moliant yw'r llall.

Yr hyn sy'n ddiddorol yw fod y cerddi hyn wedi eu diogelu mewn dwy lawysgrif a fu'n eiddo i rai o ddisgynyddion Hywel ab Ieuan Fychan ym Moeliwrch. Yr hynaf o'r ddwy yw Llsgr. Peniarth 103, a ddyddiwyd gan Gwenogvryn Evans i tua 1570. Y mae'r llall, sef Llsgr. Ll.G.C. 8330B, ychydig yn ddiweddarach ac yn perthyn i tua 1635. Cynhwysa'r ddwy y cerddi a ganwyd i amryw o aelodau'r teulu dros sawl cenhedlaeth, gan ddechrau gyda'r canu cynharaf sydd ar glawr, sef cywyddau Guto'r Glyn i Hywel ab Ieuan Fychan. Nid peth dieithr oedd gweld teuluoedd diwylliedig erbyn yr unfed ganrif ar bymtheg yn cadw llawysgrifau barddoniaeth. Enghraifft o lawysgrif debyg o'r un cyfnod, a fu ym meddiant disgynyddion un arall o noddwyr y beirdd yn y gogledd-ddwyrain, sef Rheinallt ap Gruffudd ap Bleddyn o'r Tŵr, Yr Wyddgrug, yw Peniarth 75, ac nid amherthnasol yn y cyswllt hwn yw crybwyll i Catrin o Ferain ym 1570 gomisiynu'r bardd, Wiliam Cynwal, i lunio casgliad o'r cerddi a ganwyd iddi hi ac i'w hynafiaid yn Lleweni yn Nyffryn Clwyd. Diau fod awydd ymhlith y teuluoedd hyn am gael archif deuluol er mwyn rhoi ar gof a chadw beth o'r farddoniaeth a'r deunydd amrywiol a ymwnâi'n bennaf â'u hanes hwy eu hunain.

Erbyn diwedd y bedwaredd ganrif ar ddeg yr oedd disgynyddion Ieuan Gethin ap Madog Cyffin, sef taid Hywel ab Ieuan Fychan, wedi hen ymsefydlu yng nghymydau Cynllaith a Mochnant, ac yr oedd rhai ohonynt yn amlwg iawn yng ngweinyddiaeth arglwyddiaeth y Waun, a ddelid hyd at 1397 gan Richard Fitzalan, iarll Arundel, ac wedi hynny am gyfnod gan y Goron, cyn i Thomas, mab yr iarll, etifeddu'r ystadau yn ystod blynyddoedd cynnar teyrnasiad Harri IV. Enwir Ieuan Fychan ab Ieuan Gethin, tad Hywel, noddwr Guto'r Glyn, droeon yng nghofnodion yr arglwyddiaeth yn nau ddegawd olaf y bedwaredd ganrif ar ddeg. Ym 1386–7 ef oedd rhingyll Cynllaith, sef prif gynrychiolydd yr arglwydd yn y cwmwd, ac erbyn 1390–1

1 Rhan o gywydd Guto'r Glyn i Foeliwrch a dechrau ei gywydd mawl i Hywel ab Ieuan Fychan
(Ll.G.C. Llsgr. 8330B, ffolios 323v–325r).

IEUAN GETHIN AP MADOG CYFFIN

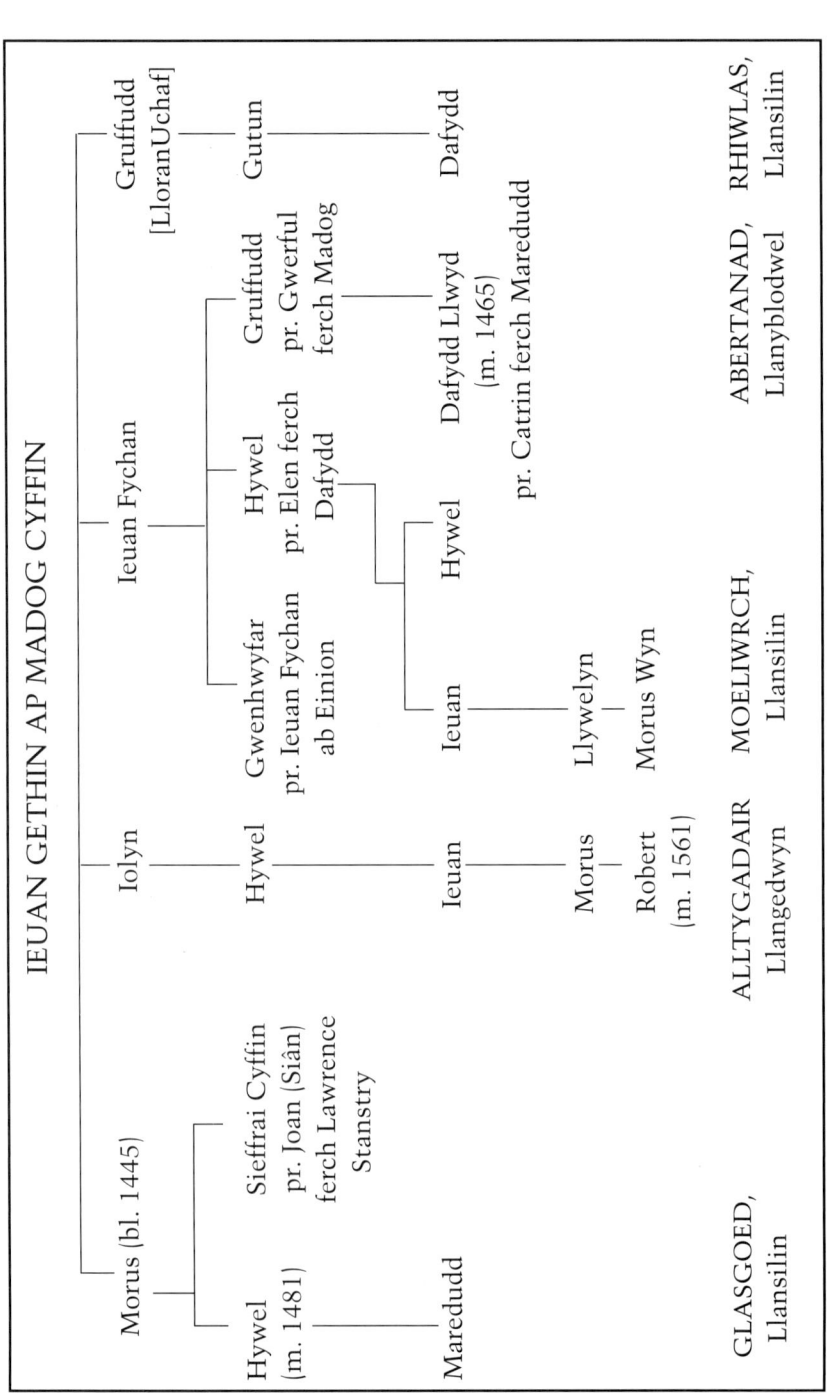

```
Morus (bl. 1445)
├── Sieffrai Cyffin
│   pr. Joan (Siân)
│   ferch Lawrence
│   Stanstry
└── Hywel
    (m. 1481)
    └── Maredudd

Iolyn
└── Hywel
    └── Ieuan
        └── Morus
            └── Robert
                (m. 1561)

Ieuan Fychan
├── Gwenhwyfar
│   pr. Ieuan Fychan
│   ab Einion
│   └── Ieuan
│       ├── Llywelyn
│       └── Morus Wyn
├── Hywel
│   pr. Elen ferch
│   Dafydd
│   └── Hywel
│       └── Dafydd Llwyd
│           (m. 1465)
│           pr. Catrin ferch Maredudd
├── Gruffudd
│   pr. Gwerful
│   ferch Madog
└── Gruffudd
    [LloranUchaf]
    └── Gutun
        └── Dafydd
```

GLASGOED,   ALLTYGADAIR,   MOELIWRCH,   ABERTANAD,   RHIWLAS,
Llansilin   Llangedwyn   Llansilin   Llanyblodwel   Llansilin

2 Tabl Achau rhai o ddisgynyddion Ieuan Gethin ap Madog Cyffin.

caiff ei enwi fel prif fforestwr yr arglwyddiaeth gyfan. Pan oedd Swydd y Waun yn nwylo'r Goron ym 1397–8, yr oedd yn brif ynad (*reeve*) cwmwd Cynllaith, a'i frawd, Gruffydd ab Ieuan Gethin, yn rhingyll cwmwd Mochnant. Fel prif fforestwr a rhingyll, ar ysgwyddau Ieuan Fychan y syrthiai'r cyfrifoldeb o gasglu dyledion rhenti o fewn yr arglwyddiaeth. Felly, yr oedd mewn sefyllfa dra chyfrifol ac yn enghraifft nodweddiadol o'r uchelwr brodorol yr ymddiriedwyd iddo ddyletswyddau swyddogol dan arglwydd estron. Ond nid i gylch gweinyddiaeth Swydd y Waun yn unig y cyfyngwyd dylanwad y teulu hwn oherwydd dringodd Hywel Cyffin, ewythr Ieuan Fychan, yn uchel o fewn yr Eglwys a chael ei benodi yn Ddeon Llanelwy.

Ond nid gweld enwau'r gwŷr hyn yn britho llyfrau cyfrifon a chofnodion Swydd y Waun sy'n llonni bryd y Cymro twymgalon heddiw, eithr gwybod bod Hywel Cyffin a'i ddau nai, Ieuan Fychan o Foeliwrch a Gruffydd ab Ieuan Gethin o'r Lloran Uchaf, yng nghwmni Owain Glyndŵr pan gyhoeddwyd ef yn Dywysog Cymru yng Nglyndyfrdwy ar yr unfed dydd ar bymtheg o Fedi 1400. Y mae'n wir fod Hywel Cyffin ac eraill o wŷr Swydd y Waun wedi ennill pardwn am gefnogi Glyndŵr erbyn 1401 ond, hyd y gellir barnu, parhaodd Ieuan Fychan a'i frawd yn deyrngar i'r achos am rai blynyddoedd wedyn. O droi'n ôl am eiliad at lyfrau cyfrifon yr arglwyddiaeth, gwelir bod bwlch rhwng 1402–3 a 1407 pryd na ellid casglu rhenti o gwbl oherwydd yr anhrefn a achoswyd gan y gwrthryfel. Erbyn 1408–9, fodd bynnag, y mae'n amlwg fod rhywfaint o sefydlogrwydd wedi ei adfer yn yr arglwyddiaeth oherwydd nid yn unig yr oedd rhenti wedi eu casglu ond hefyd yr oedd rhai o'r cyn-wrthryfelwyr wedi ailgydio yn y swyddi a ddalient cyn dechrau'r gwrthryfel. Enwir Ieuan Fychan ymhlith prif ynadon Mochnant, a ffaith sydd o ddiddordeb arbennig i ni yw fod ei fab, Hywel ab Ieuan Fychan, yn cael ei enwi fel un o swyddogion cwmwd Cynllaith. Drachefn ym 1416–17 enwir

Hywel ab Ieuan Fychan yn rhingyll Cynllaith ac enwir ei ewythr, Morus ab Ieuan Gethin, yn brif ynad Mochnant. Y tebyg yw i Ieuan Fychan a Gruffudd ei frawd dderbyn maddeuant am eu rhan yn y gwrthryfel ym 1407 pan estynnwyd pardwn cyffredinol i holl wŷr Swydd y Waun gan Thomas Arundel. Ac os fforffedwyd tiroedd Ieuan Fychan yn ystod y gwrthryfel, y mae'n amlwg iddo eu hadfeddiannu erbyn 1416 gan fod ar glawr ddogfen sy'n dangos iddo gymryd meddiant ar dir gŵr o'r enw Einion Talbant yng nghwmwd Mochnant yn y flwyddyn honno, sef tua'r un pryd ag yr oedd aelodau eraill o'r teulu yn ehangu eu tiroedd yn sgil tir a fforffedwyd gan wrthryfelwyr.

Nid yw'n syndod yn y byd fod Ieuan Fychan a'i frawd ymhlith cefnogwyr Owain Glyndŵr. Wedi'r cyfan, nid oedd ond cwta ddwy filltir, fel yr hed y frân, rhwng Moeliwrch a safle llys Owain yn Sycharth. Os sefir ar ben tomen Sycharth heddiw ac edrych tua'r gogledd, gellir gweld tŷ presennol Moeliwrch yn union gyferbyn ar draws dyffryn afon Cynllaith. Mewn llythyr a anfonodd y Tywysog Harri at Geidwaid y Mers yng Nghaer pan dderbyniodd gan ei dad, Harri IV, y cyfrifoldeb am luoedd y brenin yng Nghymru, dywedir bod y fyddin Seisnig wedi gorymdeithio i Sycharth ym mis Mai 1403 a llosgi'r llys yn golsyn i'r llawr. Wedi dinistrio hwnnw, meddir, trodd y Saeson eu ffaglau ar dai eraill yn y cyffiniau a berthynai i denantiaid Glyndŵr, cyn croesi'r Berwyn a llwyr ddinistrio llys Owain yng Nglyndyfrdwy. Diddorol yw nodi bod trawst derw wedi ei gloddio o'r ffos a amgylchynai'r bryncyn glas yn Sycharth, a phan fu archaeolegwyr yn cloddio rhan o'r safle yn ystod hafau 1962-3 daethpwyd o hyd i olion pren derw llosgedig yn y pridd. Adeilad arall y gwyddys iddo gael ei ddifrodi yn ystod yr un cyfnod yn Llansilin ei hun yw eglwys y plwyf, adeilad y mae'r rhannau hynaf ohono yn dyddio o'r drydedd ganrif ar ddeg. Er nad oes tystiolaeth ddogfennol ar glawr sy'n dweud i sicrwydd mai yn ystod y gwrthryfel yr anrheithiwyd yr eglwys, llwyddodd archwiliad archaeolegol i ganfod bod gwaith atgyweirio mawr wedi bod arni yn ystod y cyfnod rhwng tua 1420 a diwedd y bymthegfed ganrif, a hynny o ganlyniad uniongyrchol i ddinistr sylweddol cynharach nad yw'n anodd ei uniaethu â'r gwrthryfel. Nid oedd y llosgi a'r malurio yng Nghynllaith yn ddim ond cysgod o'r dinistr cyffredinol a fu yn y gogledd-ddwyrain yn ystod y gwrthryfel, difrod a thrais a ymledodd hefyd dros y ffin i arglwyddiaeth Croesoswallt. Rhyw chwe milltir o bellter sydd rhwng Llansilin a thref Croesoswallt ei hun, tref a oedd yn ganolfan fasnachol bwysig i Gymry'r Gororau. Yn ôl llyfr rhôl y fwrdeistref, llosgwyd bron y cyfan o'r dref i'r llawr yn ystod y gwrthryfel, ac awgryma cynnwys llyfrau cyfrifon yr arglwyddiaeth fod y sefyllfa economaidd a masnachol yn parhau yn fregus yno yn gynnar yn nauddegau'r bymthegfed ganrif.

Gwelir, felly, fod canu Guto'r Glyn i Hywel ab Ieuan Fychan yn perthyn i'r cyfnod hwnnw pan oedd yr uchelwyr brodorol yn dechrau dygymod â methiant y gwrthryfel ac yn ailadeiladu eu bywydau ar ôl y dinistr a achoswyd ganddo. Noddwr arall i Guto a ddaliwyd ym merw rhyfel Owain, ac a dalodd ddirwy am ei droseddau, oedd Edward ap Dafydd o'r Waun. Pan dderbyniodd ef bardwn cafodd rwydd hynt i feddiannu tiroedd fforffed gwrthryfelwyr eraill, ac mor llwyr yr heddychwyd teulu Bryncunallt nes bod ei fab, Robert Trefor – gŵr y canodd Guto'r Glyn farwnad iddo – yn cael ei ddisgrifio ym mhapurau'r llywodraeth ym 1446 fel *gentleman*. Ond y mae tystiolaeth yn awgrymu na lwyddwyd i ailadeiladu bywyd yn gyflawn nac ychwaith i sefydlogi'r gymdeithas am rai blynyddoedd wedi i nifer o'r gwrthryfelwyr selocaf dderbyn pardwn. Yn wir, ciciodd rhai o denantiaid Swydd y Waun yn erbyn y tresi ym 1417, gan wrthod talu rhenti a dyledion cymunedol, ac y mae'n werth cofio am y cywydd a ganodd Llywelyn ab y Moel pan oedd ar herw yng Nghoed y Graig Lwyd, sef Craig Llanymynech heb fod nepell o Lansilin, yn fuan wedi marw Owain Glyndŵr, lle y sonia'r bardd am 'Ddwyn Sais a'i ddiharneisio' ac am ddal Saeson yn wystlon a hawlio iawndal am eu rhyddhau. Wrth ailgydio yn yr edefynnau briw a cheisio dygymod ag amgylchiadau digon anodd yn y cyfnod wedi'r gwrthryfel, y mae'n ddichonadwy fod y genhedlaeth honno y perthynai perchennog Moeliwrch iddi yn nyddiau Guto'r Glyn wedi gorfod ymgodymu hefyd â chanlyniadau seicolegol methiant rhyfel Owain.

Y mae'n bryd inni yn awr droi at y cywyddau eu hunain. Y cyntaf a drafodir yw'r cywydd nodedig a ganwyd i ddathlu codi'r tŷ ym Moeliwrch, neu'n gywirach, i ddathlu ei ailgodi. Statud Gruffudd ap Cynan (1523) sy'n dweud wrthym fod dwyn cerdd adref ar achlysur codi tŷ gynt yn un o'r pum erw rydd, sef yr adegau hynny pryd y caniateid i feirdd a cherddorion ymweld â thai'r noddwyr: 'pedwaredd erw rydd pan fai pendefig yn cyfodi tŷ'. Tystia'r cywyddau i dai'r uchelwyr gan feirdd y bymthegfed ganrif i'r gwaith adeiladu mawr a welwyd yn y cyfnod wedi gwrthryfel Glyndŵr, ac y mae canlyniadau'r arolwg dendrogronolegol a wnaed gan Gomisiwn yr Henebion, er mwyn dyddio nifer o dai o'r Oesoedd Canol Diweddar yng Nghymru, yn cadarnhau bod neuadd-dai nenffyrch a neuaddau fframwaith pren yn cael eu codi ar raddfa helaeth yn nhueddau dwyreiniol y wlad ac ar hyd y Gororau o tua 1430 ymlaen. Amcangyfrifir bod tua 500 o enghreifftiau o neuadd-dai o'r cyfnod hwn mewn gwahanol gyflyrau wedi goroesi hyd heddiw. Drwy gyfri'r cylchoedd mewn trawstiau yn 27 o'r tai hyn, llwyddwyd i bennu pryd y cafodd y coed a ddefnyddiwyd i godi'r tai yn wreiddiol eu cwympo. Lle gynt yr oedd yn rhaid dyfalu, gellir yn awr gynnig dyddiadau go bendant i'r gwaith adeiladu ar rai anhedd-dai.

Y mae canlyniadau'r arolwg, ynghyd â'r casgliadau a wnaed ar eu sail, yn dra pherthnasol i'r drafodaeth ar gywydd Guto'r Glyn i Foeliwrch. Sylwyd yn neilltuol ar brinder y tai o'r cyfnod cyn 1400, a chynigiwyd mai'r rheswm am hynny yw fod llawer o'r tai pren a godwyd yn y bedwaredd ganrif ar ddeg wedi eu llosgi yn ystod gwrthryfel Glyndŵr. Gwyddom i gartref Ieuan ap Maredudd yng Nghefn-y-fan yn Nolbenmaen, er enghraifft, gael ei losgi i'r llawr ar ôl i Ieuan amddiffyn castell Caernarfon yn erbyn ymosodiad gan luoedd Glyndŵr ym 1403. Adeiladodd ei fab, Maredudd, dŷ newydd i'r teulu yn Ystumcegid, ryw filltir a hanner o Gefn-y-fan, rywdro rhwng 1412 a 1421, ac y mae gennym gywydd a ganodd Llywelyn ab y Moel yn garn i hynny: 'Neuadd fawr newydd furwen / Uwch ael ffordd, uchel ei phen.' Enghraifft arall o gywydd a ganwyd i ddathlu ailgodi tŷ ar ôl i'r gwreiddiol gael ei ddifrodi yn ystod y gwrthryfel yw eiddo Gwilym ab Ieuan Hen i Lwydiarth yn Llanfihangel-yng-Ngwynfa, cartref Gruffudd ap Siancyn. 'Gruffudd o newydd a wnaeth / Neuadd wiw. . .', meddai'r bardd, cyn bwrw ati i ddisgrifio'n fanwl grefftwaith cain y trawstiau cydgysylltiedig. Yr oedd teulu Llwydiarth ymhlith y rhai olaf yng nghanolbarth Cymru i dderbyn pardwn am gefnogi Glyndŵr, a hynny ym 1419. Felly, y mae ffawd y teulu hwn yn ein cymell i'w gyfochri â ffawd teulu Moeliwrch.

Dywed Guto'r Glyn wrthym mai Ieuan Fychan a ddechreuodd adeiladu'r llys: 'Ieuan hael, rôi win yn hawdd / Odd uch rhiw a ddechreuawdd / Cwrt Moelyrch . . .' Yr hyn na wyddom i sicrwydd yw pryd yn union y bu hynny, cyn ynteu ar ôl y gwrthryfel. Ac ystyried y swyddi a ddaliai o fewn arglwyddiaeth y Waun, y mae'n debygol y byddai gan uchelwr o safle Ieuan Fychan neuadd weddus ym Moeliwrch cyn 1400, fel y byddai gan ei dad a'i daid o'i flaen. O gofio am gynnwys llythyr y Tywysog Harri, y cyfeiriwyd ato eisoes, a'r sôn sydd ynddo am ddifrodi tai eraill yng nghyffiniau Sycharth, y mae'n dra thebygol fod Moeliwrch wedi ei ddinistrio ym mis Mai 1403. Y mae'n ddigon posibl fod Ieuan Fychan, pan gafodd gyfle i gael ei draed dano ar ôl y gwrthryfel, wedi dechrau ailadeiladu'r tŷ, a bod Hywel yntau wedyn wedi cwblhau'r gwaith rywdro yn ail chwarter y ganrif. Neu ynteu fod Hywel wedi codi tŷ newydd iddo ef ei hun ar safle hen lys ei dad a oedd eisoes wedi ei godi cyn 1400, ond a ddinistriwyd yn ystod cyrch y Saeson. Efallai mai dyna'r esboniad mwyaf tebygol ar eiriau'r bardd wrth iddo ddymuno hir oes i Hywel yn y cwpled sy'n cloi'r cywydd:

>A hoedl[a] yn ei ganheidlys[b]
>I'w rhoi[c] yn lle yr hen llys.

>[[a]bywyd; [b]llys cannaid, disglair; [c]benywaidd oedd cenedl llys gynt]

Pan ganodd Hywel Cilan yn ail hanner y bymthegfed ganrif i etifeddion Hywel ab Ieuan Fychan, sef Ieuan a Hywel, cyfeiriodd at y gwaith adeiladu a fu ym Moeliwrch gan eu taid a'u tad:

>Ifan Fychan, nef uchod,
>I feirdd a wnaeth fyrddau nod.
>Hywel ei fab, haela' fo,
>A'u newyddodd, ynn eiddo.

Pe bai rhannau sylweddol o'r tŷ y dathlwyd ei godi gan Guto'r Glyn wedi goroesi, yn enwedig y gwaith coed, byddai modd dweud pryd yn union y bu hynny. Ond dengys yr archwiliadau a wnaed o'r tŷ presennol mai'r unig rannau a saif o'r tŷ canoloesol yw dau gilbost carreg a phorth mewnol a oedd, o bosibl, yn rhan o dramwyfa i mewn ac allan ar draws pen isaf yr hen neuadd wreiddiol. A phan ymwelodd swyddog o Gomisiwn yr Henebion â Moeliwrch ddiwethaf ym 1995, lluniodd fraslun sy'n awgrymu bod craidd seiliau cerrig neuadd o'r bymthegfed ganrif yno o hyd.

Y peth cyntaf y tynnir ein sylw ato yn y cywydd yw amlygrwydd safle'r tŷ yn uchel 'yng ngwar rhiw':

> Mil ar ben bryn a'i cenyw,[a]
> Mawr ei chlod, mor uchel yw.
>
> [[a]canfydda]

Rhinwedd fawr codi'r neuadd ar fryn, yn nhyb y bardd, oedd ei bod yn weladwy i bawb o'r wlad oddi amgylch, yn hytrach na'i bod wedi ei chodi mewn man cuddiedig ar lawr dyffryn fel y byddai cybydd yn ei wneud:

> Myn y nef, nid mewn un nant,
> Mal cybydd, neu 'mol ceubant.

Gan fod rhan hynaf y tŷ presennol, a saif ryw 900 troedfedd uwchlaw lefel y môr, yn gorwedd ar seiliau'r tŷ canoloesol, gellir dychmygu'r olygfa a welai Guto'r Glyn o'i flaen wrth ymlwybro tuag yno. Lleolwyd y tŷ mewn llecyn sy'n nodweddiadol o dai a godwyd yn yr Oesoedd Canol Diweddar, sef ar lechwedd gyda thalcen cefn y tŷ yn erbyn y rhiw, a'r talcen blaen ar lwyfan gwastad o gerrig. Neuadd-dy coed mewn safle tebyg a godwyd yn yr un cyfnod yw Pen-y-bryn, Llansilin, a saif tua hanner ffordd rhwng Sycharth a Moeliwrch. Gellir casglu oddi wrth ddisgrifiad y bardd, 'Gorau coed ar gerrig gwaith', mai neuadd a wnaed o goed derw ar sylfaen o gerrig a gododd Hywel ab Ieuan Fychan yn gartref iddo ef ei hun a'i deulu, a bod y gwagle rhwng y pyst pren wedi ei lenwi â phlethwaith o wiail a chlai ac yna ei wyngalchu ar y tu allan nes bod y tŷ yn ymddangos yn ddisglair fel angel amlwg o goed derw: 'Angel diargel derwgoed'. Disgrifiad gan y bardd sy'n rhoi amcan inni o beth oedd union ffurf yr adeilad yw 'neuadd groesty'. Y mae'n debygol, felly, fod ychwanegiad ym mhen ucha'r neuadd, fel ar ddelw cynllun tybiedig neuadd-dy Pen-y-bryn, lle'r oedd drysau o'r dramwyfa ym mhen y neuadd yn arwain i adain groes ac iddi lofft. Meddai Guto ymhellach, 'Lluniwyd o'r gwŷdd' (sef coed) 'ystefyll irgoed', sy'n cyfeirio at unedau mewnol yr adeilad, ac y mae'n ymddangos bod rhan o'r tŷ ym Moeliwrch yn ddeulawr a bod y gwaith coed crefftus yn drawiadol iawn yno. Â'i ormodiaith arferol, dywed y bardd: 'Ni bu mewn llofftydd wŷdd well.'

Drwy ystyried adeiladwaith tai eraill a godwyd yn y cyffiniau yn ystod y bymthegfed ganrif, y mae modd inni gael rhyw amcan sut dŷ a oedd ym Moeliwrch. Y mae ardaloedd y gogledd-ddwyrain a'r Gororau yn nodedig am eu tai pren godidog lle y trôi crefftwyr yn y dyddiau gynt at ddeunydd crai y ceid digonedd ohono yn lleol, sef coed derw preiffion. A chan fod cymaint o enghreifftiau o dai pren y gwyddys am eu bodolaeth yn y wlad o gwmpas Croesoswallt, awgrymwyd bod nifer ohonynt wedi eu codi gan grefftwyr a berthynai i ysgol leol o seiri coed. Rhydd y coedwaith ysblennydd o'r bymthegfed ganrif a welir yn nho eglwys Llansilin heddiw

3   Llun o Foeliwrch fel yr oedd ym 1953
(Y Cofnod Henebion Cenedlaethol).

syniad go dda inni am grefft y seiri coed a gododd Foeliwrch, ac y mae'n rhaid bod y disgrifiad manwl a geir gan Iolo Goch o Sycharth tua 1390 yn nodweddiadol o adeiladwaith tai eraill a godwyd wedi hynny yn yr ardal. Cyfeiriwyd eisoes at neuadd-dy Pen-y-bryn, Llansilin. Tai eraill o'r bymthegfed ganrif hefyd yw Hafod, Llansilin, Tŷ-draw, Llanarmon Mynydd Mawr a Henblas, Llangedwyn, ac awgryma eu bodolaeth fod gan yr uchelwyr a'u cododd gryn dipyn o fodd yn ystod y degawdau wedi gwrthryfel Glyndŵr, a diau fod cyfoeth Hywel ab Ieuan Fychan yn caniatáu iddo godi tŷ a weddai i'w statws a'i awdurdod fel un o brif lywodraethwyr cwmwd Cynllaith. Y mae'n ddiddorol fod nodyn mewn llawysgrif o'r ail ganrif ar bymtheg a losgwyd yn y tân ym mhlasty Wynnstay ym 1858 yn dweud i frawd yng nghyfraith Hywel ab Ieuan, sef Ieuan Fychan ab Einion, gŵr i Wenhwyfar, chwaer Hywel, ymgymryd ag atgyweirio'r ffenestr fawr yng nghangell eglwys Llansilin yn ystod ail hanner y bymthegfed ganrif, ac i Wenhwyfar ofalu am gwblhau'r gwaith ar ôl ei farw. Onid yw'n arwyddocaol, felly, ein bod yn gwybod am frawd a chwaer a fu'n gysylltiedig â'r gwaith o ailadeiladu a thrwsio ar ôl dinistr gwrthryfel yr oedd eu tad yn un o'r rhai a fu'n gyfrifol am ei ddechrau?

Un o fotiffau'r canu i dai'r uchelwyr yw pwysleisio amlygrwydd a disgleirdeb ymddangosiad llys gwyngalchog, a gwneir hyn yn ddyfeisgar yng nghywydd Guto drwy gyfrwng nifer o ddelweddau a chymariaethau addas. Geilw'r llys, er enghraifft, yn 'haul y fron', 'cannwyll a thors Cynllaith' ac yn 'Lleuad y rhiw'. Ond y mae ganddo un gymhariaeth y talai inni oedi am ychydig uwch ei phen: 'Neuadd fal seren Owain'. Ar yr olwg gyntaf, cyfeirio at y gomed a ymddangosodd ym 1402, ac a ddehonglid gan rai fel rhagargoel o lwyddiant i ymgyrch Glyndŵr, a wna 'seren Owain'. Gan mai cyfleu disgleirdeb Moeliwrch oedd y bwriad, hawdd gweld mor addas yw'r gymhariaeth. Ond o gofio am amgylchiadau ailgodi'r neuadd-dy, ac am gysylltiad y teulu â gwrthryfel Glyndŵr, gwelir bod hon yn llinell lwythog ei hawgrymusedd. Gallai 'seren Owain' fod yn drosiad am lys Owain yn Sycharth, y buasai ei olion o fewn golwg pawb a ymwelai â Moeliwrch. Ceir cyfeiriadau eraill mewn cywyddau i ddathlu codi tai'r uchelwyr at Sycharth fel safon, gan gynnwys un mewn cywydd arall gan Guto'r Glyn ei hun. Ond o gofio ei bod yn debygol i Foeliwrch gael ei godi o'r newydd ar ôl cael ei losgi gan y Saeson, y mae'n bosibl y gall fod cyfeirio at lys Owain Glyndŵr yn y fan hon yn fodd i gyfleu neges dra chynnil nad oedd rhai o ddelfrydau cenhedlaeth Ieuan Fychan wedi eu llwyr ddifa gan fethiant y gwrthryfel. Byddai darllenydd modern yn disgwyl i'r bardd ddal ar symboliaeth wleidyddol y weithred o godi'r llys ym Moeliwrch, ond rhaid cofio mai cerdd ac iddi swyddogaeth bendant oedd hon, nid cerdd wleidyddol. Pe bai'r bardd am ganu cerdd wleidyddol gallai fod wedi canu cywydd brud, ond nid brudiwr mo Guto'r Glyn. Beth bynnag, gan fod Hywel ab Ieuan Fychan wedi adfer y dylanwad a'r awdurdod a oedd gan ei dad cyn dyddiau'r gwrthryfel, pa ddiben oedd mewn hel atgofion a chodi hen grachod? Erbyn ail chwarter y ganrif yr oedd llawer o'r uchelwyr Cymreig yn canolbwyntio ar eu buddiannau eu hunain o fewn eu cymydau, ac yn achub mantais ar bob cyfle i wella eu hystad ac ymgyfoethogi, a hwyrach y byddai gorbwysleisio'r cysylltiad â'r gorffennol yn achos teulu Moeliwrch yn dwyn i gof holl waeau, dinistr a phrofedigaethau cyfnod y gwrthryfel.

Gallai pethau fod yn dra gwahanol yn achos Rhys Goch Eryri pan ganodd gywydd rywbryd wedi 1415 i ddathlu codi tŷ newydd Gwilym ap Gruffudd yn y Penrhyn, Llandygái. Gall fod cyfeiriad yn y cywydd hwnnw at Sycharth hefyd, o ddehongli un llinell yn wahanol i'r hyn a wnaeth Ifor Williams pan olygodd y gerdd. Wrth ganmol y 'gaer dderw' wyngalchog a godwyd yn y Penrhyn, dywed y bardd, pe meiddid cymharu, ei bod yn debycach i lys Duw nag i lys daearol, ac fe'i geilw yn 'Goel geinllun fal gwawl gynllaith', sef 'coflaid hardd ei llun fel goleuni brwydr'. Tybed na ellid darllen 'fal gwawl Gynllaith' yn y fan hon, a chymryd mai cymhariaeth sydd yma â llys Sycharth, a bod y bardd, felly, yn cynnil atgoffa ei noddwr o ddelfrydau pensaernïol, os nad rhai gwleidyddol, Owain y Glyn? Bernir bod Rhys Goch ymhlith cefnogwyr Glyndŵr, er nad oes dim cerddi dilys ganddo ar glawr i'r Tywysog. Bu byw trwy gyfnod y gwrthryfel a gwyddom i'w noddwr, Gwilym ap Gruffudd, ymbleidio ag Owain am gyfnod, ond iddo'n fuan iawn ar ôl derbyn ei bardwn ym 1405 fynd ati â chryn ddygnwch i brynu tiroedd rhai y fforffedwyd eu heiddo oherwydd eu cefnogaeth i'r gwrthryfel. Nid pawb a gymeradwyai ei frwdfrydedd wrth adeiladu ei ystad drwy ddyfais a dawn ar draul cyn-gydwrthryfelwyr, nac ychwaith ei barodrwydd i gefnu ar achos Glyndŵr ac ar aelodau o'i deulu ef ei hun a oedd â chysylltiad agos â'r gwrthryfel. Gellir synhwyro oddi wrth y farwnad a ganodd Rhys Goch i Wilym ap Gruffudd ym 1431 nad oedd cydwybod y bardd yn gwbl esmwyth wrth ganu iddo, gan ei fod yn pwysleisio wrth feirdd eraill mai cerdd gomisiwn oedd y farwnad.

Cyswllt arall digon diddorol rhwng achlysur dathlu codi'r tŷ ym Moeliwrch a dyddiau'r gwrthryfel yw fod y bardd o Ddyffryn Conwy, Ieuan ap Gruffudd Leiaf, hefyd wedi canu cywydd ar yr un achlysur. Yr oedd Ieuan ap Gruffudd Leiaf yn nai i'r brodyr Rhys Gethin a Hywel Coetmor o Nanconwy, dau o filwyr Glyndŵr y cadwyd cywyddau moliant iddynt gan feirdd anhysbys. (Y mae modd olrhain cyswllt teuluol diweddarach rhwng Ieuan ap Gruffudd Leiaf a theulu Hywel ab Ieuan Fychan o Foeliwrch gan fod nith Ieuan ap Gruffudd, Gwerful, merch ei chwaer, wedi priodi â mab i gefnder Hywel, sef Ieuan ap Hywel ab Iolyn, a chanodd Lewys Môn farwnad i'r ddeuddyn.) Rhydd cywydd Ieuan i Foeliwrch syniad inni nid yn unig pwy a oedd yn y neuadd pan ddatganwyd y cywydd, ond hefyd sut awyrgylch a geid yno. Gwyddom y byddai nifer o gerddorion a beirdd o wahanol raddau yn arfer ymgasglu yn nhai eu noddwyr yn ystod yr erwau rhydd, a hawdd credu y byddai cryn hwyl a chellwair rhyngddynt wrth i'r gwin a'r cwrw lifo. Y mae ar glawr englynion ymryson rhwng Guto'r Glyn a Ieuan ap Gruffudd Leiaf, a chan fod Ieuan yn yr englynion hynny yn dweud na ddymunai rannu gwely â Guto nac â neb o'r glêr, hwyrach iddynt hwythau hefyd gael eu canu adeg dathlu ailgodi Moeliwrch. Bid a fo am hynny, rhoddodd Ieuan yn ei gywydd her i feirdd Powys ganu cystal cerdd fawl â'i eiddo ef i Hywel ab Ieuan Fychan, ac enwa Guto'r Glyn yn benodol, gan alw arno i ddweud pwy o blith prydyddion Powys a allai ysgwyddo'r baich o ymateb i'r her:

> Mogeled[a] na ddeued ddyn
> O feirdd at hwn i'w fwrdd tâl,
> I'r fort, â cherdd gyfartal.
> Guto, dywed ac ateb,
> Gwybydd nid ar gywydd neb,
> Pwy o brydyddion Powys,
> Eddyl[b] parch, a ddeil y pwys?

[[a]gocheled; [b]bwriad *neu* gyrchfan]

Dau fardd arall a enwir gan Ieuan ap Gruffudd Leiaf yw Rhys ac Edward, sef Syr Rhys o Garno, y mae'n debyg, ac, o bosibl, yr Edward ap Dafydd ap Gwilym yr honnai Guto yn un o'i gywyddau ei fod ymhlith y rhai a oedd yn ceisio ei ddisodli o'i le yn abaty Glyn-y-groes. Ymatebodd Guto ei hun i her y bardd o Ddyffryn Conwy drwy ganu ei gywydd cofiadwy. Wrth gloi'r cywydd hwnnw y mae'r bardd yn galw am nawdd y Forwyn Fair, Derfel Sant a Christ i gartref Hywel ac Elen, ei wraig, ac y mae yntau fel petai'n bendithio'r tŷ wrth ddymuno hir oes i'r perchennog yn ei neuadd newydd. Yr oedd i'r bardd gynt ryw rin goruwchnaturiol, ac y mae'n arwyddocaol iawn fod Guto, mewn cywydd i ddathlu codi tŷ Edward ap Hywel o'r Faenor, o'r farn fod ei gerdd yn mynd i fod o fudd i'r adeilad:

'prydaf i helpu'r adail'. Dyna awgrym cryf y gallai geiriau'r bardd fod yn llesol fel bendith.

Cyn gorffen trafod y cywydd hwn, dylid gwneud un awgrym ynghylch pryd y'i canwyd. Gan fod Guto yn cyfeirio ato ef ei hun fel 'dyn hirwallt' – a chaniatáu, wrth gwrs, mai cyfeirio ato ef ei hun a wna – rhaid mai dyn cymharol ifanc ydoedd ar y pryd, oherwydd mewn cerddi eraill a ganwyd yn hwyrach yn ei oes cyfeiria at ei foelni. Tybir yn gyffredinol iddo ddechrau ar ei yrfa fel bardd tua 1432–5 ac iddo farw tua 1493. Gallai yn hawdd, felly, fod yn cyfeirio at ei wallt hir cyn canol y bymthegfed ganrif.

Daeth yn bryd inni yn awr droi ein sylw at y ddau gywydd arall a ganodd Guto i Hywel ab Ieuan Fychan. Un ohonynt yw'r cywydd mawl nodedig sy'n cylchdroi o gwmpas un syniad neu drosiad canolog, sef bod y cwlwm rhwng y bardd a'i noddwr yn debyg i gwlwm priodasol. Dywed Guto fod rhai yn edliw ei fod yn canu mor aml i Hywel ac y dylai ganu mawl i noddwyr eraill. Ond nid oedd hynny'n ddim ond ffrwyth cenfigen, meddai. Ni allai osgoi gweithredu'n groes i'w reddf:

> Anawdd ym, awenydd[a] wyf,
> Dwyn gair ond un a garwyf.
>
> [[a]bardd]

Cydia yn y syniad o garu a'i ddatblygu ymhellach i gynnal y ddelwedd sydd ganddo o berthynas:

> Rhodd priodas urddas oedd,
> Rhwymyn Duw rhôm[a] ein deuoedd.
>
> [[a]rhyngom]

Priodas oedd hon, medd y bardd, a ordeiniwyd gan Dduw, ac yr oedd y rhwymyn a gydiai'r ddau ynghyd yn golygu na ellid byth eu hysgaru. Dyma, y mae'n debyg, y datganiad mwyaf dadlennol yn holl farddoniaeth Beirdd yr Uchelwyr ynghylch perthynas bardd a noddwr, datganiad y gellir, fe ymddengys, ei gysylltu â hen draddodiad Celtaidd. Darlunnir perthynas pencerdd a'i noddwr fel priodas ym marddoniaeth lys y Gwyddyl hefyd, a chyplyswyd hynny gan ysgolheigion â'r syniad a geir yn llenyddiaeth gynnar Iwerddon fod y wlad neu'r deyrnas yn wraig y brenin. Awgrymwyd hefyd y gallai'r *ollamh*, sef y pencerdd Gwyddelig, fod ar un adeg yn cymryd rhan yn nefod arwisgo'r brenin, lle y byddai'n chwarae rhan y deyrnas y byddai'r brenin yn ymbriodi â hi. Nid yw'n annichon mai atgof am ddefod gyffelyb ymhell yn niwloedd amser sydd wrth wraidd y trosiad yng nghywydd Guto. Serch hynny, dan law gelfydd Guto ymestynnir delwedd y briodas nes ei bod yn cyfleu mewn modd trawiadol iawn natur y berthynas arbennig a fodolai rhyngddo a Hywel ab Ieuan Fychan. Nid perthynas gonfensiynol gwas a meistr oedd honno, oherwydd gellir synhwyro gwir ofal ac ymlyniad a theimlad yn y gerdd.

Y mae hynny hefyd yn wir am y trydydd cywydd a ganodd Guto i Hywel, sef cywydd a ganwyd pan oedd y noddwr wedi brifo ei lin ar ôl cwympo. Pan glywodd Guto am yr anaf, tristaodd yn fawr. Gresynai fod gan ŵr mor hael rwymyn am ei goes, a chwbl nodweddiadol o bersonoliaeth gellweirus y bardd yw ei fod yn ychwanegu na fyddai wahaniaeth ganddo pe bai rhwymyn am ambell un arall a adwaenai! Yna try at swyddogaeth ganolog y gerdd, sef dymuno gwellhad. A gofal meddygol proffesiynol wedi ei gyfyngu at ei gilydd i drefi a dinasoedd poblog, nid oedd gan drigolion yr ardaloedd gwledig yn yr Oesoedd Canol Diweddar yn aml fawr ddim dewis ond dibynnu ar wasanaeth meddygon gwlad. Nid oedd yn beth anarferol ychwaith weld gwŷr mewn urddau – abadau, offeiriaid a mynaich – yn ymgeleddu cleifion yn y tai crefydd. Goroesodd llawysgrif feddygol, a ysgrifennwyd yn abaty Glyn-y-groes gan y bardd Gutun Owain ym 1488–9,

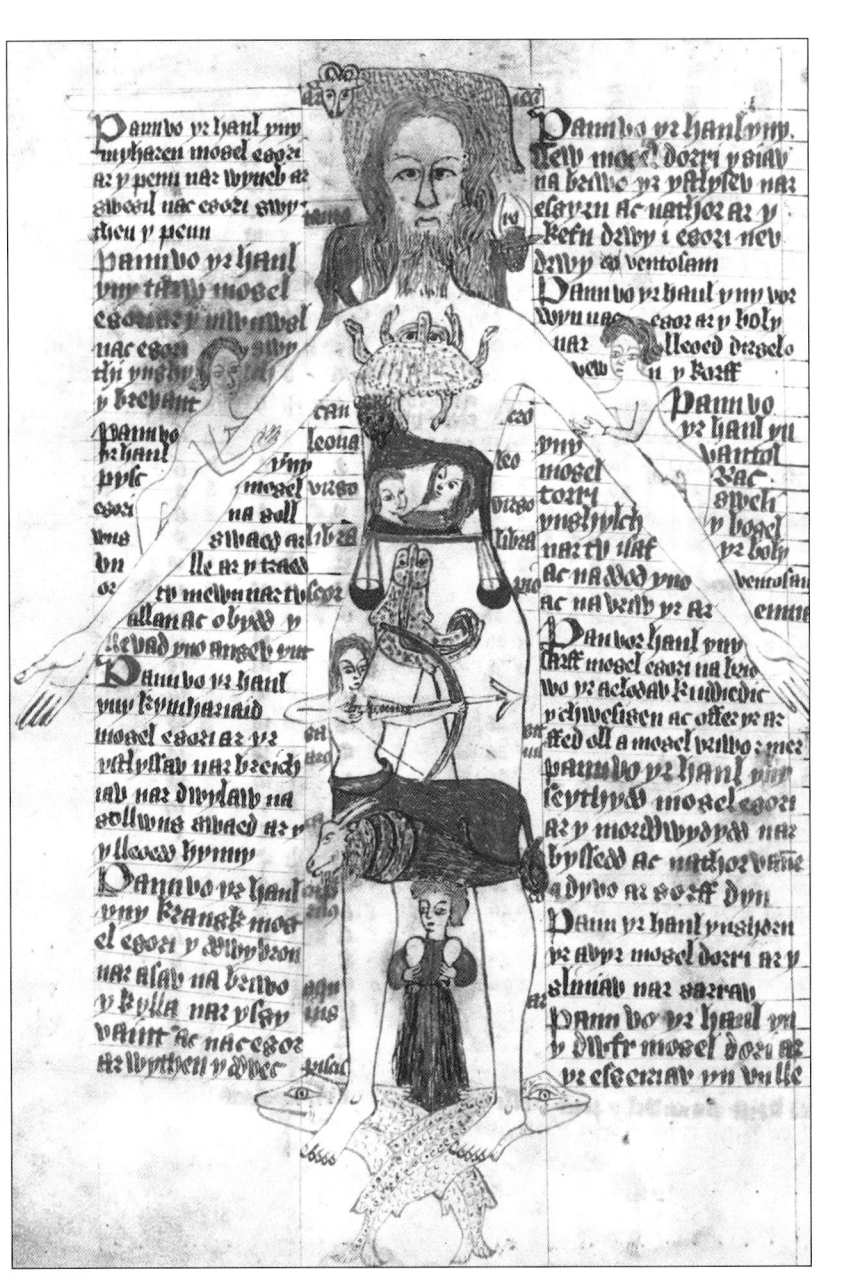

4   Y Dyn Sodiac (Ll.G.C. Llsgr. 3026C, t. 26).

llawysgrif sy'n cynnwys lluniau a oedd yn gysylltiedig â diagnosis meddygol drwy brofi dŵr, ac â thriniaeth feddygol drwy ollwng gwaed. Ceir ynddi hefyd lun o'r dyn sodiac, gan y credid bod perthynas y planedau ac arwyddion y sodiac yn penderfynu iechyd gwahanol rannau o'r corff. Yng nghartrefi'r uchelwyr yng Nghymru, yn ôl tystiolaeth cerddi'r beirdd, dyletswydd yr uchelwraig fel gwraig ac fel mam oedd ymgeleddu cleifion o fewn y teulu. Yn aml iawn gofalai hi ar ôl yr ardd blanhigion fel y gallai wneud elïau a moddion ar gyfer gwella pob math o ddoluriau a chlwyfau. Dywedir mai Elen ei wraig a ofalai am Hywel ab Ieuan pan oedd yn glaf, ac uniaethir hi fel ymgeleddwraig â Mair Magdalen:

> Mair Fadlen yw Elen ŵyl,[a]
> Mae i'th warchad maith orchwyl.
> Eli meddyges Iesu
> A wnaeth feddyginiaeth gu.
>
> [[a]wylaidd]

Dylid cofio bod 'gofwy'r claf', sef ymgeleddu claf, yn un o Saith Weithred y Drugaredd a oedd, yn ôl dysgeidiaeth yr Eglwys, yn gallu dad-wneud effeithiau'r Saith Bechod Marwol.

Pan fethai meddyginiaeth â gwella cleifion, dibynnid ar ddulliau eraill yn aml iawn. Y ffordd fwyaf poblogaidd o geisio iachâd yng Nghymru'r Oesoedd Canol oedd drwy ymweld â chreiriau mewn eglwysi y credid bod iddynt rym iachaol, neu yn Lladin, *vis medicatrix*. Crair boblogaidd iawn ymhlith trigolion methedig gogledd Cymru oedd delw'r Grog yng Nghaer, a chanodd Guto'r Glyn gerdd i honno i ofyn am iachâd ar ran un o'i noddwyr. Dull arall a ddefnyddid i wella clwyf ac i warchod rhag afiechyd oedd adrodd swynion. Yn sgil braw a dychryn y pla du yng nghanol y bedwaredd ganrif ar ddeg, ac arswyd ofn ymweliadau ysbeidiol y pla drwy gydol y bymthegfed ganrif, daeth pobl yn fwy ymwybodol o'r angen am waredigaeth.

Trwy ymddiried mewn pererindod at grair iachusol a thrwy adrodd swyn neu weddi, gellid cael rhyw ddiogelwch rhag pob math o farwol heintiau. Swynion Lladin oedd y rhai mwyaf poblogaidd, ond cadwyd rhai enghreifftiau Cymraeg o'r cyfnod yn ogystal. Rhydd y rhaglith Gymraeg hon i swyn mewn llawysgrif a ddyddir i tua 1400 syniad inni am y pethau y byddai pobl yn awyddus i ymwared rhagddynt:

> Pwy bynnag a ddywedo'r enwau hyn neu a'u hedrycho nid rhaid iddo ofn ei elyn y dydd hwnnw nac ofn arfau na gwenwyn na thân na dwfr nac angau disyfyd na phoenau na neb rhyw argywedd [sef niwed] ar ei gorff ac ni ddygwyd mewn clefyd ac ni fydd farw heb gyffes.

Y mae gwybod bod pobl yn arfer ymddiried mewn swynion a gweddïau yn tanlinellu mor bwerus y gallai geiriau fod, ac yn y fan hon y mae'n rhaid inni gysylltu'r gred yng ngrym y gair llafar ar ffurf gweddi â'r grym a oedd i'r geiriau a ddeuai o enau bardd. Credid bod yr hen feirdd Celtaidd yn adrodd swynion a melltithion, a thrwy hynny daeth pobl i gredu bod ganddynt alluoedd goruwchnaturiol. Os gallai bardd beri afiechyd i unigolyn drwy ei felltithio fel y credid gynt, yna gallai hefyd ei iacháu. Gan fod swyddogaeth y bardd a'r derwydd a'r swynwr yn gorgyffwrdd yn y cyfnod cynnar, nid yw'n annisgwyl canfod bod peth rhin goruwchnaturiol yn amgylchynu'r bardd yn y bymthegfed ganrif wrth i Guto'r Glyn haeru bod ei gywydd yn mynd i iacháu ei noddwr:

> Sain cerdd Taliesin ein câr
> A gyrchodd meistr o garchar.
> Mae i'm bryd, am a brydwyf,
> Gyrchu'r glin o garchar glwyf.
> Llawer dyn, llaw euraid wyd,
> Â chywydd a iachawyd.
> Myn y tân, minnau i ti
> O foliant a wnaf eli.

Cyfeirio a wneir yn y dyfyniad hwn at yr hanesyn am y Taliesin chwedlonol yn rhyddhau Elffin o garchar (fel y mae'n digwydd, yr oedd rhyddhau carcharor yn un arall o Saith Weithred y Drugaredd), ac yna tystir bod nifer o gynseiliau i allu iachusol cywyddau. Gwyddys i fardd arall o'r bymthegfed ganrif, sef Ieuan Llawdden, ganu i iacháu un o'i noddwyr, gan ofyn i'r meddyg a oedd yn ei drin beidio â bwrw ymaith y cywydd fel cyfrwng iachâd: 'Dy feddyg na wnaed faddau / Aur a cherdd er dy iacháu'. Gan yr arferid adrodd cywyddau i gyfeiliant telyn neu grwth, yr oedd datgan cywydd yn berfformiad cerddorol, a chredid yn fawr yn yr Oesoedd Canol yng ngwerth cerddoriaeth fel therapi. Mynych y cyfeirid at Ddafydd Frenin yn cysuro Saul wrth ganu cainc ar y delyn, a gwelir mai cam bychan iawn a oedd wedyn rhwng hynny a phriodoli gwerth therapiwtig hefyd i gerddi a adroddid i gyfeiliant. Gwelwn sut y gweithiai meddwl creadigol Guto'r Glyn wrth iddo gydio yn y syniad o roi eli ar friw a chreu trosiad o'r gerdd ei hun fel eli. Pe methai honno â gwneud ei gwaith, meddai'r bardd ymhellach, byddai llu o seintiau yn dod i achlesu'r noddwr a'i ryddhau o garchar ei glwyf.

Gwelir, felly, mai cerddi digon personol eu natur a ganodd Guto i Hywel ab Ieuan Fychan, er mai canu o fewn confensiwn cydnabyddedig a wneid lle'r oedd bardd yn derbyn tâl am ganu. Awgryma amgylchiadau'r cywydd cyntaf a drafodwyd, a'r cyfeiriadau yn y ddau gywydd arall at y glêr, fod y tri wedi eu datgan ym Moeliwrch ym mhresenoldeb beirdd eraill. Ond er mai cyd-destun traddodiadol a ffurfiol sydd i'r cerddi hyn, y mae'r wedd unigolyddol ar y gwrthrych a geir ynddynt yn tarddu o'r math o bersonoliaeth a oedd gan y bardd a'r math o gyfathrach a oedd rhyngddo a'i noddwr.

Yr hyn sy'n gwneud canu Guto i Hywel ab Ieuan Fychan yn fwy diddorol fyth yw'r ffaith fod y cof amdano wedi parhau'n hir ymhlith y beirdd, oherwydd cyfeirir ato mewn cerddi i aelodau o'r teulu dair cenhedlaeth yn ddiweddarach. Digwydd hynny yn benodol yn y cerddi a ganwyd i orwyr Hywel, sef Morus Wyn. Ymddengys fod Morus Wyn yn fardd ei hun oherwydd ceir cerddi a briodolir iddo yn y llawysgrifau; ond fel noddwr i Ruffudd Hiraethog, Wiliam Llŷn, Wiliam Cynwal a Huw Arwystli y cofir amdano yn bennaf. Wrth ganmol Moeliwrch fel 'tŷ'r gerdd' rywdro cyn 1564, honnai Gruffudd Hiraethog fod y beirdd yn heidio yno a bod y cerddi i Forus Wyn yn fwy niferus na'r cerddi a ganodd Guto i'w hendaid: 'Hynod gwau cerdd, nid gwiw cêl, / Tewach no'r Guto i Hywel'. A phan ganai yntau i Forus Wyn, yr oedd Huw Arwystli yn ymwybodol ei fod yn troedio'r un llwybrau ag y bu Guto'r Glyn yn eu troedio: 'Tynnu'r wyf tan arafynt / Treiglo lle bu'r Guto gynt.'

Ond nid yn y canu i un o ddisgynyddion uniongyrchol Hywel ab Ieuan Fychan yn unig y parhaodd y cof am ganu Guto, eithr yn y cerddi a ganwyd i un o ddisgynyddion ei gefnder, Hywel ab Iolyn. Pan oedd Robert ap Morys o Alltygadair yn Llangedwyn yn glaf yn ei wely, canodd Gruffudd Hiraethog a'i ddisgybl, Wiliam Llŷn, gywydd yr un i'w iacháu, ac ynddynt cyfeirir yn benodol at gerdd Guto i'w hen ewythr. O gywydd Gruffudd Hiraethog y daw'r dyfyniad hwn:

> Guto hen, llawen fu'r llys,
> Gwnâi 'Moelyrch ganu melys,
> Iachaodd â'i wych awen
> Lun a throed lân ewythr hen;
> Elïo croen heb liw craith
> Awen foliant nefolwaith.
> Ac os Duw'n gosod awen
> O'i rym a'i pair ym mhob pen,
> Dyn sy fyw, nid anos fydd
> Dy iacháu di â chywydd.
> Rhad a fo mad 'r hyd fy min,
> Rhwydd eilffordd rhyddhau Elffin.

Y mae'n ddigon posibl i'r beirdd weld copïau ysgrifenedig o'r cerddi a ganwyd i Hywel ab Ieuan Fychan ym Moeliwrch, sef y copïau hynny a oedd efallai yn sail i'r hyn a welir heddiw yn y ddwy lawysgrif a fu ym meddiant ei ddisgynyddion. Wrth gyfeirio fel hyn at dras y teulu fel noddwyr, yr oedd y beirdd yn tanlinellu parhad y traddodiad nawdd. O fewn unrhyw draddodiad bob amser cedwir golwg ar gynseiliau yn y gorffennol wrth i'r rheini gael eu hailadrodd yn y presennol. Parhad – dyna oedd hanfod uchelwriaeth yng Nghymru'r Oesoedd Canol Diweddar a'r Cyfnod Modern Cynnar, ac i'r beirdd yr oedd hirhoedledd yr uchelwriaeth honno yn golygu bod moddion cynhaliaeth ar gael iddynt hwythau.

Ond ni ddylem ddiystyru diddordeb teulu Moeliwrch yn eu hanes, ac yn hyn o beth y mae edrych ar gynnwys yr hyn a gynullwyd yn y ddwy lawysgrif yn ddigon dadlennol. Yn ogystal â chopi o'r disgrifiad cofiadwy yn chwedl *Breuddwyd Rhonabwy* o dŷ Heilyn Goch, er enghraifft, dernyn a gynhwyswyd oherwydd cysylltiadau lleol y chwedl y mae'n debyg, ceir casgliad bychan o gerddi i Owain Glyndŵr yn llawysgrif Ll.G.C. 8330B, casgliad a ragflaenir gan englyn sy'n coffáu blwyddyn dechrau'r gwrthryfel: 'AD 1400 y cyfodod Owen Glyndŵr'. Ac yna ceir copi o'r dogfennau a oedd yn ymwneud â'r cynghrair rhwng Owain a Siarl IV, brenin Ffrainc, ym 1404 a 1406. Y mae'n ddigon posibl mai ysfa hynafiaethol a barodd i aelodau'r teulu ddewis diogelu'r deunydd llenyddol a hanesyddol hwn pan aed ati i roi'r llawysgrif ynghyd tua 1635, ond siawns nad oedd trysori'r cof am ymwneud rhai o'u cyndeidiau â'r gwrthryfel hefyd yn rhan o'r cymhelliad dros eu cofnodi. O'r braidd y gellid dweud bod anniddigrwydd gwleidyddol yn corddi dan yr wyneb a bod o hyd gydymdeimlad ymhlith rhai o uchelwyr cwmwd Cynllaith a'r cyffiniau â breuddwyd Glyndŵr yn ystod y ddwy ganrif wedi i fflam y freuddwyd honno droi'n llwch. Ni fu ychwaith, o leiaf hyd y

5 Harri IV (Henry Bolingbroke), Brenin Lloegr 1399–1413 a gelyn mawr i Owain Glyndŵr.

gellir barnu, unrhyw wrthdaro dyrys rhwng Cymro a Sais yn yr ardal honno o ail hanner y bymthegfed ganrif ymlaen, gan mai cyfuniad o gydymdoddi cymdeithasol a chyd-fyw cymodlon a nodweddai fywyd poblogaeth y Mers. Diau nad oedd terfynau'r ffin rhwng Cymru a Lloegr yn nhueddau Croesoswallt mor amlwg yn yr oes honno ag ydyw erbyn heddiw, gan fod y Gymraeg i'w chlywed ar dafodleferydd pobl ymhell i'r dwyrain o Glawdd Offa. Yr oedd y wlad yng nghyffiniau Croesoswallt i bob pwrpas yn rhan o Gymru, ac oddi ar nawdegau'r bedwaredd ganrif ar ddeg yr oedd llawer o Gymry wedi ymsefydlu yn y fwrdeistref. Yn wir, honnwyd bod mwy o Gymraeg i'w glywed yng Nghroesoswallt yn niwedd y bedwaredd ganrif ar ddeg nag a oedd o fewn muriau tref Caernarfon!

Drwy ystyried canu Guto'r Glyn i rai eraill o ddisgynyddion Ieuan Gethin ap Madog Cyffin fe'n cyflwynir i fyd lle'r oedd yr uchelwyr Cymreig wedi sicrhau troedle cadarn iddynt eu hunain yng ngweinyddiaeth bwrdeistref Croesoswallt, er gwaethaf deddfau penyd a oedd i fod i rwystro dylanwad y Cymry o fewn y bwrdeistrefi Seisnig. Yn ôl rhestr o gyn-fwrdeisiaid y dref, rhestr a luniwyd ym 1546–7, estynnwyd braint bwrdais i Guto'r Glyn ei hun yn gyfnewid am y cywydd a ganodd i Groesoswallt (fel y gwnaed i Dudur Aled yn ddiweddarach), a bu ef a'i wraig, Dwgws, yn byw yno yn hwyrddydd eu hoes. 'Llundain gwlad Owain a'i dir' oedd y dref i Guto'r Glyn, a chan fod Sieffrai Cyffin yn gwnstabl y dref pan ganodd Guto gywyddau moliant iddo, y mae'n rhaid bod a wnelo ef rywbeth ag estyn braint dinasyddiaeth i'r bardd. Yr oedd Sieffrai yn gefnder i Hywel ab Ieuan Fychan o Foeliwrch, ond nid ef oedd yr unig aelod o'r teulu a ddaliai swydd o fewn y fwrdeistref. Pan oedd Lewys Glyn Cothi ar daith glera yn y gogledd-ddwyrain, ymwelai ag aelwydydd perthnasau eraill i Hywel ab Ieuan Fychan. Un o'r rheini oedd Dafydd ap Gutun o'r Rhiwlas, Llansilin, gŵr a drigai yn y dref pan ganodd Lewys Glyn Cothi iddo. Ceir ei enw fel tyst ar weithredoedd a berthyn i'r blynyddoedd rhwng 1457 a 1485, lle y'i disgrifir fel beili tref a chantref Croesoswallt. Cyfyrder iddo oedd Maredudd ap Hywel o'r

6   Arfbais y Cyffiniaid (Ll.G.C. Llsgr. Peniarth 109), a rhan o gywydd
    Lewys Glyn Cothi i Faredudd ap Hywel a thref Croesoswallt.

Glasgoed, Llansilin, a'r tebyg yw ei fod yntau hefyd yn dal swydd o fewn y fwrdeistref oherwydd pan ganodd Lewys Glyn Cothi gywydd moliant iddo cyfunodd y moliant hwnnw â mawl i Groesoswallt. Pwysleisiodd y bardd na fynnai'r dref honno ddim oll i'w wneud â'r anhrefn cymdeithasol a fu, nac ychwaith â'r deddfau penyd a ddifreiniodd y Cymry yn sgil gwrthryfel Glyndŵr:

> Ni fyn annefod[a] a fu,
> Nac amraint, Lundain Gymru.

[[a]anhrefn, aflywodraeth]

Aelod arall o deulu Hywel ab Ieuan Fychan a estynnai ei nawdd i'r beirdd oedd Gwerful ferch Madog o Abertanad, sef chwaer yng nghyfraith Hywel. Dyma noddwraig uchel ei pharch y canodd Guto'r Glyn a Lewys Glyn Cothi ill dau farwnadau iddi. Ac ystyried bod dau o gywyddwyr pwysicaf y bymthegfed ganrif wedi canu ar aelwyd Abertanad, y mae'n syndod na fuasent wedi cyfeirio at ei gilydd yn eu cerddi. Rhaid bod eu llwybrau wedi croesi ar eu teithiau clera, yn enwedig o gofio iddynt ill dau ganu marwnad i Werful. Ail ŵr Gwerful oedd Gruffudd, brawd Hywel ab Ieuan Fychan, a'r mab o'r briodas hon oedd Dafydd Llwyd, gŵr a barhaodd â'r traddodiad o noddi beirdd ar yr aelwyd. Derbyniodd Lewys Glyn Cothi fwa ganddo yn rhodd, a phan ladratawyd hwnnw oddi arno canodd gywydd i ofyn am fwa arall yn ei le. Bu farw Dafydd Llwyd a'i wraig, Catrin, o haint y nodau, a hynny o fewn ychydig ddyddiau i'w gilydd, yn ôl yr hyn a ddywed Guto'r Glyn mewn marwnad, a chanodd Ieuan ap Tudur Penllyn farwnad ar y cyd i Ddafydd Llwyd a'i gâr, Rheinallt ap Gruffudd o'r Tŵr, Yr Wyddgrug, lle y dywedir bod y ddau wedi marw cyn pryd. Y tebyg yw eu bod ymhlith y rhai a drawyd gan yr epidemig difrifol o'r pla a fu ym 1464–5. Y mae'n bosibl mai trwy ei gysylltiad â Rheinallt ap Gruffudd o'r Tŵr y cyflwynwyd Lewys Glyn Cothi i deulu Abertanad, ac o gofio am ei ganu i Ddafydd ap Gutun a Maredudd ap Hywel, nid yw'n amhosibl iddo gael lloches yng nghyffiniau Croesoswallt am gyfnod wedi i wŷr dinas Caer ei erlid yn sgil ailweithredu'r deddfau penyd yno a waharddai bob Cymro rhag ymsefydlu mewn bwrdeistref. Efallai nad yw'n amherthnasol mai canu cywydd i ofyn am gleddyf gan Ddafydd ap Gutun a wnaeth Lewys, a'i fod yn dweud mai ei fwriad ar ôl hogi'r llafn oedd ymosod ar wŷr Caer.

Trwy ganolbwyntio'n sylw ar wead clòs cysylltiadau carennydd un teulu, y mae modd cael cipolwg ar gymdeithaseg canu'r beirdd a gweld sut yr oedd adnabyddiaeth bardd o un noddwr yn agor y drws iddo ganu i aelod arall o'r tylwyth, megis y canodd Guto gywydd ar ran Dafydd Llwyd o Abertanad i ofyn am arfwisg gan Sieffrai Cyffin, ei ewythr. Y mae'n amlwg fod Guto yn mwynhau'r gwmnïaeth ar aelwydydd noddwyr yr oedd wedi meithrin perthynas â hwy dros gyfnod o amser. Mewn cywydd mawl i Ddafydd Llwyd, er enghraifft, cyfeiria at ei rieni: 'Ei dad, Abertanad hydd, / A'm dofes, a'i fam, Dafydd', a chanodd gywydd cyfan i ddiolch i Catrin, gwraig Dafydd, am bwrs a gawsai yn rhodd ganddi. O fewn y gymdeithas y trôi Guto'r Glyn ynddi yr oedd i'r cysylltiadau teuluol hyn bwysigrwydd mawr, yn enwedig os oedd y bardd am fanteisio arnynt i ennill mwy o nawdd.

Y mae clywed enwau cartrefi nawdd fel Moeliwrch ac Abertanad heddiw yn ein dwyn yn ôl i ddiwedd yr Oesoedd Canol pan oedd y diwylliant barddol yn ffynnu ar aelwydydd aelodau o gyff Ieuan Gethin ap Madog Cyffin yng nghyffiniau Croesoswallt, cyn dyfod y dyddiau blin pan oedd y gyfundrefn farddol yn dirywio a phan oedd y beirdd yn cwyno oherwydd prinder nawdd. O'n safbwynt ni, yr hyn sy'n bwysig yw fod y diddordeb yn y diwylliant Cymraeg wedi parhau yn ddi-fwlch ym Moeliwrch am sawl cenhedlaeth wedi marw Hywel ab Ieuan Fychan, sef yr aelod cyntaf o'r teulu yng nghyfnod Beirdd yr Uchelwyr y mae canu iddo wedi goroesi.

DARLLEN PELLACH

D. J. Bowen, 'Beirdd a Noddwyr y Bymthegfed Ganrif', *Llên Cymru*, XVIII (1994); XVII (1995); 19 (1996).

R. R. Davies, *The Revolt of Owain Glyn Dŵr* (Rhydychen, 1995).

Bleddyn Owen Huws, *Y Canu Gofyn a Diolch c.1350–c.1630* (Caerdydd, 1998).

Dafydd Johnston (gol.), *Gwaith Lewys Glyn Cothi* (Caerdydd, 1995).

Morfydd Owen, 'The Medical Books of Medieval Wales and the Physicians of Myddfai', *The Carmarthenshire Antiquary*, XXXI (1995).

Carole Rawcliffe, *Medicine and Society in Later Medieval England* (Stroud, 1995).

Enid Roberts, 'Tŷ Pren Glân Mewn Top Bryn Glas', *Trafodion Cymdeithas Hanes Sir Ddinbych*, 22 (1973).

Peter Smith, *Houses of the Welsh Countryside* (ail argraffiad, Llundain, 1988).

Richard Suggett, 'The Chronology of Late-Medieval Timber Houses in Wales', *Vernacular Architecture*, 27 (1996).

Ifor Williams a J. Ll. Williams (goln.), *Gwaith Guto'r Glyn* (ail argraffiad, Caerdydd, 1961).

CYFRANIAD HYNAFIAETHWYR OES Y STIWARTIAID I DDIWYLLIANT EIN CENEDL

Nesta Lloyd

Yr ydym ni yn meddiannu yr ynys hon ou blaen hwy [y Saeson], *er bod Camden ai gau athrawiaeth ddyscedig a llawer o ddiscyblion iddo yn gwadu Brutus ac yn haeru mai Ieffrey o fynyw a scrifennodd o honaw gyntaf.*

Rowland Vaughan

Am bwy y meddylir pan sonnir am 'hynafiaethwyr oes y Stiwartiaid'? Nid yw eu henwau yn llamu i'r meddwl a rhaid cydnabod nad yw hyd yn oed enwau beirdd y cyfnod mor gyfarwydd ag enwau beirdd y canrifoedd cynt a chwedyn. Y mae'r rhan fwyaf o Gymry diwylliedig wedi clywed am Ddafydd ap Gwilym a rhai am Dudur Aled a Wiliam Llŷn, ac y mae'r myth a weodd o gwmpas bywyd helbulus Goronwy Owen yn golygu bod ei enw ef, ac efallai rhywfaint o'i waith, yn adnabyddus i amryw. Ond y mae beirdd yr ail ganrif ar bymtheg, sef oes y Stiwartiaid, yn llawer llai adnabyddus, ac ychydig hyd yn oed o Gymry diwylliedig a all enwi Phylipiaid Ardudwy neu adrodd llinellau gan Huw Morys a'i gyfenw, Edward Morris. Gellid dadlau mai'r unig fardd yn y ganrif i gydio yn nychymyg pobl oedd y Ficer Prichard a'i benillion bach cofiadwy. Y mae'n wir fod pawb bron wedi clywed am Forgan Llwyd o Gynfal, ond ei ryddiaith ef sy'n tynnu sylw, nid ei farddoniaeth, ac i raddau pell canrif y rhyddieithwyr oedd yr ail ganrif ar bymtheg. Yr enwau mawr yw Llwyd, Charles Edwards a'i glasur *Y Ffydd Ddiffuant* (1667, 1671 a 1677) ac Ellis Wynne, a bu ef fyw ymhell i'r ddeunawfed ganrif. Ond er mai ym 1703 y cyhoeddodd Wynne ei waith mwyaf poblogaidd, gŵr o'r ail ganrif ar bymtheg ydoedd yn ddiamau; yn y ganrif helbulus honno y lluniwyd ei feddylfryd ac nid oes amheuaeth nad cynnyrch y ganrif honno yw ei gampwaith, *Gweledigaetheu y Bardd Cwsc*.

Pwy, felly, oedd yr 'hynafiaethwyr' hyn a beth oedd eu cyfraniad i ddiwylliant Cymru rhwng 1603 a 1714? Yn ôl *Geiriadur Prifysgol Cymru*, nid oedd y gair 'hynafiaethydd' yn bod yn y Gymraeg yn oes y Stiwartiaid; y cyfeiriad cyntaf a gofnodir yw un gan Goronwy Owen ym 1755 ac awgryma'r cyfeiriad hwnnw ei fod fel petai'n credu mai ef ei hun a fathodd y gair. Meddai: '[c]ymerais gennad i alw *Antiquary* yn hynafiaethydd'. Yn Saesneg, yn ôl yr *Oxford*

English Dictionary, ystyr gwreiddiol *antiquary* oedd un o oedran eithriadol. Rhoes Harri VIII yr enw yn deitl i John Leland, a oedd yn geidwad neu'n groniclydd swyddogol olion hynafol y deyrnas, a helaethwyd yr ail ystyr yn ddiweddarach i olygu unrhyw un a astudiai ac a gasglai olion a chreiriau hynafol. Yr ystyr hwn sy'n berthnasol yn y cyd-destun presennol.

Mân foneddigion oedd llawer o'r hynafiaethwyr hyn, gydag amryw o gyfreithwyr a lefain o offeiriaid yn eu plith. Bu cynnydd yn nifer yr ysgolion gramadeg yn ystod y ganrif, ac âi rhai disgyblion ymlaen i brifysgolion Rhydychen a Chaer-grawnt ac i ysbytai'r frawdlys yn Llundain i barhau â'u haddysg. Yn yr unfed ganrif ar bymtheg daliasai rhai o'r rhain swyddi dan y Goron, yn eu plith Syr John Pryse, Aberhonddu, awdur *Historiae Brytannicae Defensio* (1573), a gŵr a elwodd yn amlwg iawn ar ei gysylltiad â'r Goron pan archwiliwyd ac y diddymwyd y mynachlogydd gan weision Harri VIII.

Prif ddiddordeb llawer o hynafiaethwyr ac ysgolheigion yr unfed ganrif ar bymtheg oedd hanes Prydain. Yn ystod yr Oesoedd Canol yr oedd hanes wedi ei gadw ar ffurf croniclau gan fynaich, fel rheol, a daeth mwy a mwy o'r croniclau hyn i'r golwg yn ystod cyfnod y Tuduriaid, yn enwedig ar ôl diddymu'r mynachlogydd yn y tridegau. Ond datblygwyd hanes ar ffurf naratif yn yr Oesoedd Canol yn ogystal, a rhwng tua 1135 a 1138, pan ymddangosodd *Historia Regum Britanniae* Sieffre o Fynwy, cynigiwyd hanes rhyfeddol a chyffrous i drigolion Ynys Prydain. Nid cronicl sych oedd gan Sieffre ond naratif ysgubol a adroddai hanes cenedl y Brytaniaid o gwymp Caerdroea hyd at farwolaeth Cadwaladr Fendigaid, brenin olaf Prydain, yn Rhufain yn y flwyddyn 689 O.C. Yn yr hanes hwn ceid gorymdaith ysblennydd o frenhinoedd ac arwyr, o fradwyr a throseddwyr yn ymladd brwydrau a sefydlu dinasoedd, yn hybu dysg a diwylliant, ac yn goresgyn gwledydd eraill Ewrop, a hyd yn oed Rhufain ei hun, a hynny dros ganrifoedd lawer. Y tu ôl i'r storïau rhydd thema gynhaliol y llyfr undod i'r naratif, sef hanes dirywiad y Brytaniaid oherwydd ymraniadau a chwerylon ymhlith ei gilydd. Ni dderbyniwyd y fersiwn hwn o hanes Prydain gan bawb hyd yn oed pan ymddangosodd yn y ddeuddegfed ganrif, a'r beirniad huotlaf oedd y mynach William o Newburgh, awdur *Historia Rerum Anglicarum.* Ymosododd ef ar Hanes Sieffre, gan gyhoeddi'n groyw mai casgliad o chwedlau hanesyddol diwerth ydoedd. Bu ei enw yn ddrewdod yn ffroenau amddiffynwyr Hanes Sieffre hyd at Theophilus Evans yn y ddeunawfed ganrif a diraddiwyd ef yn gyson gan ei feirniaid trwy ei alw yn ddirmygus yn 'Gwilym Bach'.

Cymharol ychydig o feirniadu a fu ar Hanes Sieffre hyd yr unfed ganrif ar bymtheg a hawdd deall paham. I'r ychydig dethol a allai ddarllen neu a oedd o fewn clyw pan oedd darllen cyhoeddus yn digwydd, yr oedd yn hanes cyffrous a charlamus, a buan y'i cyfieithwyd i ieithoedd brodorol Ewrop. Fe'i cyfieithwyd i'r Gymraeg deirgwaith yn ystod y drydedd ganrif ar ddeg ac erys rhyw drigain llawysgrif sy'n cynnwys rhyw fersiwn neu'i gilydd ar yr Hanes yn Gymraeg rhwng y ganrif honno a'r ddeunawfed ganrif. Rhoes yr hanes i'r Cymry (ac i'r Normaniaid yn Lloegr) orffennol gwych a'u cysylltai â'r cefndir Troeanaidd arwrol a thrwy'r cyfan ceir darlun clir a neges amlwg fod y Brytaniaid, ar un adeg, gyfuwch â'r Rhufeiniaid, ac yn aml yn uwch na hwy. Yr oedd yr Hanes yn sylfaen gadarn i falchder cenedl, ac er bod ei ddiwedd yn drist, ceid ynddo hedyn ailenedigaeth a gobaith yr adferid yr hen ogoniant unwaith eto pan ailddyrchefid Cymro i orsedd Prydain.

Pan gyhoeddodd Polydore Vergil, Eidalwr a ymsefydlodd yn Lloegr, ei *Anglica Historia* (1534), cyffrowyd y dyfroedd, oherwydd yn y gyfrol honno datganodd ei farn am Hanes Sieffre yn wrthrychol gwrtais a phendant, sef na ellid credu yn y mythau a'r chwedloniaeth am darddiad y genedl o weddillion arwyr Caerdroea, am gampau'r brenin Arthur a'r

HISTORIAE
BRYTANNICAE DE-
FENSIO, IOANNE PRISEO
EQVESTRIS ORDINIS BRY-
TANNO AVTHORE.

LONDINI,
Impressum in ædibus H. Binneman typographi,
impensis Humfredi Toy.
ANNO. 1573.

7 Wynebddalen *Historiae Brytannicae Defensio* (1573) gan Syr John Pryse.

dewin Myrddin, am goll Prydain trwy ddichell ac am Frad y Cyllyll Hirion a'r holl storïau difyr eraill. Cythruddwyd ysgolheigion yn gyffredinol gan yr ymosodiad hwn ar dras Droeanaidd a hanes ysblennydd y Brytaniaid, ond cythruddwyd y Cymry yn fwy na neb oherwydd teimlent ei fod yn ymosodiad ar genedl y Cymry a'u harwyr arbennig hwy, yn enwedig y Brenin Arthur. Y gorau o'r holl amddiffyniadau o'r hanes Sieffreaidd yn yr unfed ganrif ar bymtheg oedd *Historiae Brytannicae Defensio* Syr John Pryse, cyfrol a ysgrifennwyd cyn canol y ganrif ond nas cyhoeddwyd tan 1573, ddeunaw mlynedd ar ôl marw'r awdur. Y gyfrol hon, meddai Thomas Kendrick, yw'r 'principal scholarly affirmation of the medievalist's position . . . the first of the great books on the subject of the antiquity of the British'. Ym 1572 cyhoeddwyd cyfrol Humphrey Llwyd, *Commentarioli Descriptionis Britannicae Fragmentum*, yng Nghwlen yn yr Almaen, bedair blynedd ar ôl marw'r awdur, a'r flwyddyn ddilynol fe'i cyfieithwyd i'r Saesneg gan Thomas Twyne dan y teitl, *The Breviary of Britayne*. Er mai disgrifiadau daearyddol a awgrymir gan deitl Llwyd, nid hynny sydd yn y gyfrol ond, yn hytrach, amddiffyniad o Hanes Sieffre. Mewn rhan o'r *Historie of Cambria* (1584) gan David Powel (ond mewn geiriau a briodolir i Humphrey Llwyd gan A. O. H. Jarman), gwelir angerdd y teimladau a gyffrowyd gan yr ymosodiadau ar hanes darganfod esgyrn y brenin Arthur a Gwenhwyfar yn Glastonbury:

> Therefore let William Paruus and Polydore Virgil, with their complices, stoppe their lieng mouthes, and desist to obscure and darken the glistering fame & noble renowme of so inuincible and victorious a prince, with the enuious detraction and malicious slaunder of their reproachfull and venomous toongs.

Nid y Cymry oedd y cyntaf i'r gad i amddiffyn eu treftadaeth, fodd bynnag; ym 1544 yr oedd y Sais, John

Leland, wedi bwrw iddi eisoes yn ei *Assertio inclytissimi Arturii Regis Britanniae* drwy ymosod ar Vergil am feiddio diraddio arwyr y Brytaniaid. (Dengys y teitl hwn brif asgwrn y gynnen cyn belled ag yr oedd Leland yn y cwestiwn.) Ond tynnwyd y gwynt o hwyliau'r amddiffynwyr pan ymddangosodd y gyfrol *Britannia* gan William Camden ym 1586. Fel Polydore Vergil o'i flaen, dangosodd Camden na ellid derbyn y storïau am ddyfodiad Brutus o Gaerdroea i Brydain a'r orymdaith hir o frenhinoedd ac arwyr a ddarluniwyd mor fywiog gan Sieffre o Fynwy. Ond, fel Vergil o'i flaen, gwnaeth hynny yn gwrtais a chymedrol ar ôl rhoi ystyriaeth deg i'r dystiolaeth. Erbyn cyhoeddi'r cyfieithiad Saesneg o *Britannia* ym 1610 yr oedd dadleuon synhwyrol Camden wedi ennill tir ymhlith ysgolheigion yn Lloegr, ac edwino'n raddol ond yn gyson a wnaeth y gred yn nilysrwydd a geirwiredd Sieffre yn y wlad honno o hynny ymlaen, er na ddiflannodd yn llwyr.

Ond yr oedd pethau yn wahanol yng Nghymru. Hyd yn oed wedi'r ergyd hon ac er gwaethaf rhesymoldeb diamheuol dadleuon William Camden, nid oedd hynafiaethwyr Cymru yn fodlon ildio eu treftadaeth Droeanaidd ac Arthuraidd heb frwydr galed. Ailymrestrodd amddiffynwyr Sieffre yng Nghymru ac am gyfran helaeth o'r ail ganrif ar bymtheg buont yn dadlau'r achos yn frwd ac yn dra emosiynol ar brydiau, er bod y mwyafrif llethol o ysgolheigion Lloegr wedi derbyn dadleuon Camden erbyn hynny. Mater o falchder cenedlaethol ydoedd i'r Cymry, yn hytrach na dadl wrthrychol oer, a dyna'r rheswm cyntaf paham yr oedd yr hynafiaethwyr hyn yn bwysig i'r diwylliant Cymraeg. Er bod eu dadleuon hanesyddol yn annilys, yr oedd eu safiad yn gyfraniad anhepgor at gadw balchder cenedlaethol yn fyw yng nghalonnau'r Cymry mewn cyfnod pan oedd cynifer o ffactorau eraill yn elyniaethus i'r traddodiad Cymraeg.

Cymhlethwyd y darlun gan elfen arall a boblogeiddiwyd

yn yr unfed ganrif ar bymtheg ochr yn ochr â'r hanes traddodiadol, sef y myth am hynafiaeth Cristnogaeth yng Nghymru. Mabwysiadodd yr Eglwys Anglicanaidd yng Nghymru yr hen ddraddodiad fod Joseff o Arimathea wedi dod i Gymru yn fuan ar ôl y Croeshoeliad a'i fod wedi sefydlu eglwys a arddelai ddiwinyddiaeth bur yr Eglwys Fore. Tybid bod y wir ffydd sylfaenol hon wedi ei hadfer gan y diwygwyr Protestannaidd, sef hen ffydd ddilychwin y Cymry cyn iddi gael ei llygru gan y Babyddiaeth a dducpwyd i Loegr ganrifoedd yn ddiweddarach yn sgil cenhadaeth Awstin i Gaer-gaint yn 597. Mynegiant arall oedd hwn o'r un syniad sylfaenol, sef blaenoriaeth y Cymry yn Ynys Prydain; yr oeddynt wedi derbyn y wir Ffydd Apostolaidd yn uniongyrchol o law Joseff o Arimathea, y gŵr a roes ei fedd newydd ei hun i'r Crist croeshoeliedig. Mynegwyd y gred hon (a alwyd yn 'Ddamcaniaeth Eglwysig Brotestannaidd' gan Saunders Lewis mewn erthygl bwysig a gyhoeddwyd ym 1947) gan William Salesbury ac yn helaethach gan yr Esgob Richard Davies yn ei ragymadrodd i Destament Newydd 1567. Drwy amddiffyn yr hanes traddodiadol yr oedd yr hynafiaethwyr yn amddiffyn y grefydd Brotestannaidd fel y'i sefydlwyd gan y Tuduriaid yn ogystal. Deuai'r ddau linyn ynghyd pan fyddai clerigwyr/hynafiaethwyr yn defnyddio'r Hanes i gynnal y ddadl am hynafiaeth Protestaniaeth yng Nghymru a hynafiaethwyr yn dyfynnu'r hanes am hen eglwys y Cymry i ddangos mor freintiedig oedd Cymru gynt a chyn lleied y gellid dibynnu ar hanes fel y cofnodid ef gan haneswyr gwledydd eraill gan nad oeddynt yn crybwyll hanes Joseff yn mudo i Brydain.

Y cyntaf i'r gad yn yr ail ganrif ar bymtheg oedd un o'r clerigwyr/ hynafiaethwyr hyn, sef George Owen Harry (c.1553–c.1614), clerigwr yn sir Benfro a gyhoeddodd *The Genealogy of the High and Mighty Monarch, James . . . with his lineall descent from Noah, by divers direct lynes to Brutus, first inhabiter of this Ile of Brittayne; and from him to Cadwalader, the last King of the British bloud . . . where also is handled the worthy descent of his Majesties ancestour Owen Tudyr.* Y mae rhai copïau o'r llyfr hwn, a gyhoeddwyd gan Thomas Salisbury ym 1604, wedi goroesi, a dengys y teitl yn amlwg fod George Owen Harry yn pleidio dilysrwydd hanes Sieffre o Fynwy yn frwd. Yn y teitl hwn cyfunir sawl elfen o'r propaganda a ddeilliodd o Hanes Sieffre ac a fyddai'n blodeuo'n decach fyth yn *Drych y Prif Oesoedd*, cyfrol gyfareddol Theophilus Evans yn y ddeunawfed ganrif, sef tarddiad dyblyg cenedl y Cymry o Noah a Brutus.

Ni fu John Lewis, Llynwene (c.1548–1615/16) mor ffodus â George Owen Harry gan na chyhoeddwyd ei amddiffyniad glew ef o hanes Sieffre a'i ymosodiadau ar William o Newburgh a Polydore Vergil am feiddio amau geirwiredd Sieffre tan 1729, pan ymddangosodd dan y teitl *The History of Great-Britain from the first Inhabitants thereof, 'till the Death of Cadwalader*. Yr oedd y gyfrol wedi ei gorffen mor gynnar â 1611 ac yr oedd mwy nag un copi llawysgrif ohoni yn cylchredeg yn fuan, fel y dengys cyfeiriad mewn rhestr a wnaed ym 1618 at Lewis fel un o amddiffynwyr Sieffre.

Y mae'r ddau awdur hyn yn enghreifftiau teg o'r math o Gymry a fentrodd i'r maes i amddiffyn anrhydedd y Cymry a didwylledd Sieffre a'i hanes ysblennydd. Perthynai'r ddau i ddosbarth y mân foneddigion; trigai tad George Owen Harry (sef Owen Harry) yn Llanelli, ond yr oedd gan y teulu gysylltiadau agos â Reynoldston, yng nghanol Penrhyn Gŵyr, sef cartref ei fam; ymbriododd amryw o blant y teulu (gan gynnwys George) â theulu Lucas yn yr un ardal. Derbyniodd George nawdd a chyfeillgarwch George Owen, Henllys, sir Benfro, gan gynnwys nifer o fywiolaethau eglwysig yng Nghemais. Oherwydd ei gysylltiadau cynnar â *Gower Anglicana*, y mae amheuaeth faint o Gymraeg a ddeallai George Owen Harry. Oddeutu 1610 amheuai John

Jones, Gellilyfdy, gywirdeb copi a wnaed gan Harry o gerdd Gymraeg hynafol. (Diweddarwyd rhai o nodweddion orgraffyddol arbennig John Jones yn y dyfyniad canlynol):

> llyma ddau bennod o hen gerdd yn canlyn y rhai a esgrifennais if allan o law Syr George Owen Harris lythyr yn lythyr mal yd ysgrifenase ef hwynt, yr hwn yn ol ei ddalltwriaeth oreu ef ai esgrifenasseu hwynt yn ddyfal, allan o ddolen o femrwn o arch Siors Owen arglwydd y Kemais yr hwn a roes y memrwn i Sr. Siors iw esgrifennu ef ond nid oedd Sr. Siors yn deuall yr hen gerdd or achos ni fedrodd ef esgrifennu yr hen lythyr yn gowir, herwydd mae llawer o lythrenne beius yma.

Pa un ai methu deall yr ysgrifen neu fethu deall yr iaith yr oedd, ynteu cyfuniad o'r ddau, ni ellir bod yn siŵr, ond awgryma 'deuall yr hen gerdd' mai'r gerdd ei hun a'r iaith hynafol oedd y maen tramgwydd.

Perthynai John Lewis i hil fwy urddasol o gryn dipyn na George Owen Harry oherwydd yr oedd ei dad, Huw Lewis, yn un o ddisgynyddion Rhys Gryg, mab yr Arglwydd Rhys, tywysog Deheubarth yn y ddeuddegfed ganrif, a'i fam, Elen, yn un o linach Elystan Glodrydd, tywysog Rhwng Gwy a Hafren. Priododd Huw Lewis ddwywaith, ac ail fab o'r ail briodas oedd John; yr oedd ei fam o dras anrhydeddus Fychaniaid Hergest. Cyfreithiwr yn Llys Cyngor y Gororau yn Llwydlo oedd Lewis wrth ei swydd; cawsai drafferthion pan oedd yn yr Inner Temple yn Llundain am ei fod yn Babydd, ond nid ymddengys fod hyn wedi mennu ar ei yrfa yn Llwydlo. Symudodd i fyw i Lynwene, sir Faesyfed, cyn 1596 ac yno y bu hyd ei farw yn casglu llawysgrifau ac yn ysgrifennu ei amddiffyniad o'r hanes traddodiadol. Bu mwy na dwsin o lawysgrifau sydd heddiw yn y Llyfrgell Genedlaethol yn eiddo iddo, a defnyddiodd eu cynnwys yn helaeth yn ei amddiffyniad, gan ddyfynnu ohonynt i brofi ei ddadleuon. Yr oedd yn gyfaill ac yn gâr i Dr John Dee, a rhoes gopi o ramadeg Gruffudd Robert yn anrheg i'r llyfrbryf enwog hwnnw. Ymwelodd Lewis Dwnn ag ef a chanodd gywydd mawl iddo. Nid oes amheuaeth nad oedd John Lewis yn bont bwysig rhwng y diwylliant Saesneg a Chymraeg yn sir Faesyfed. Ni ellir ychwaith amau ei ymlyniad cenedlaethol.

Un o gyfeillion John Lewis (a Phabydd arall) oedd Siôn Dafydd Rhys a ddaeth i fyw i Aberhonddu. Ymunodd yntau yn y ddadl i amddiffyn Hanes Sieffre, a hynny yn Gymraeg, drwy ateb rhyw awdur anadnabyddus ac anghyhoeddedig a elwid ganddo yn 'second, unprinted gentleman'. Erys ei draethawd hir yn ei law ef ei hun yn Llawysgrif Peniarth 118D yn y Llyfrgell Genedlaethol. Y mae'n ddiddorol fod Siôn Dafydd Rhys yn ei waith olaf wedi troedio'r un maes â George Owen Harry trwy drafod achau a chysylltiadau Cymreig y Brenin Iago I. Ymddengys mai un o'i amcanion oedd cywiro rhai o'r haeriadau a wnaed gan George Owen Harry yn y gyfrol a gyhoeddwyd ym 1604, er na chyfeirir at y gyfrol honno yn benodol gan Siôn Dafydd Rhys. Ceir y traethawd hwnnw yn Cotton Faustina Eii yn y Llyfrgell Brydeinig.

Yn chwarter cyntaf yr ail ganrif ar bymtheg, felly, yr oedd yr hynafiaethwyr Cymreig bron yn unfarn ynglŷn â dilysrwydd hanes Sieffre. Eithriadau prin oedd y rhai a anghytunai a, gwaetha'r modd, y maent yn gymeriadau annelwig iawn. Pwy, tybed, oedd y gŵr anhysbys ac anghyhoeddedig a gythruddodd Siôn Dafydd Rhys? Ai Cymro ydoedd? Y mae'r ffaith fod Siôn Dafydd Rhys wedi ei ateb yn Gymraeg yn awgrymu hynny, fel y sylwodd R. Geraint Gruffydd. Mwy gogleisiol fyth yw hanes Richard Gruffydd o sir Fôn a ysgrifennodd at Camden ei hun rywdro rhwng 1597 a 1623, gan ladd ar Sieffre ('he was an asse') a honni nad ysgrifennodd y gwir am Arthur ('hydeth his noble actes worthy of all memory, and attributeth to him the things, he never did, very false and unlykely with respect of the state of

8 Darlun o William Camden (1551-1623) ar fedaliwn efydd.

the time'). Yr oedd mwyafrif y Cymry deallus yn chwarter cyntaf yr ail ganrif ar bymtheg yn gwbl sicr fod Hanes Sieffre yn hollol wir. Felly hefyd y tybiai'r mân foneddigion yn gyffredinol. Aeth Ifan Llwyd ap Dafydd o Nantymynach yn sir Feirionnydd, 'esguier' nodweddiadol, gellir tybio, i'r drafferth i ysgrifennu ei fersiwn ef ei hun o *Ystorie Kymru, neu Cronigl Kymraeg*, gan dderbyn yr hanes yn anfeirniadol:

> am nad oedd dim o ystoriau yn gwlad ni yn bryntiedig, na dim yn iawn perffaith yn scrifenedig o herwydd ir Saeson ddystrowio yn ddyrmygis, drwy dân a chledde, fenachlogudd a thau kryfyddawl y Bryttaniaid, ag yn enwedigol, Bangor Fawr o Faulor Saesneg.

Ond yn raddol o tua 1630 brigai elfen newydd i'r amlwg yn yr ymateb i'r hanes traddodiadol ymhlith yr hynafiaethwyr a'r ysgolheigion Cymraeg. Er nad oeddynt yn amau geirwiredd Sieffre, ceid pwyslais gwahanol yn eu gwaith. Un o'r arwyddion cyntaf oedd datganiad Dr John Davies, Mallwyd, yn rhagymadrodd ei Eiriadur, y *Dictionarium Duplex* (1632):

> nid wyf o'r farn fod hanes Brutus i'w wrthod a'i wadu, yn unig am fod cymaint ymosod arno gan rai yn ddiweddar: ac eto, pell y bo imi dybio fod y rheini yn ymosod felly allan o gasineb at y genedl, neu o genfigen wrth yr hanes ei hun, neu am ei fod yn cael ei wahardd yn 'indecs' Eglwys Rufain, neu er mwyn ymddangos gymaint a hynny'n fwy dysgedig am fod ganddynt ryw wrthwynebiad i'w ddwyn yn erbyn ysgrifeniadau hen awduron.

Y mae'r safbwynt cymedrol hwn yn wahanol iawn i eiriau ymfflamychol Humphrey Llwyd a David Powel a ddyfynnwyd uchod, a deuai'r agwedd hon yn fwyfwy cyffredin ymhlith deallusion fel yr âi'r ganrif rhagddi. Hyd yn oed pan anghytunent â Camden a'i ddilynwyr, byddent yn mynegi hynny mewn geiriau llai ymfflamychol. Pan ysgrifennodd William Maurice, Cefn-y-braich, Llansilin, at Robert Vaughan ym 1661, yr oedd yn gwbl amlwg ei fod yn hollol ymroddedig i Hanes Sieffre ac aeth ati i gywiro camgymeriadau Camden yn *Britannia*. Meddai yn hyderus wrth Vaughan:

> Our History is in ye Spring of its Credit . . . and Camden is already at the Autumn of his Fame.

Dyfynnodd Maurice o waith gŵr bonheddig arall, sef Rowland Vaughan, Caer-gai, er mwyn cryfhau ei ddadleuon ond, gwaetha'r modd, erbyn 1661 yr oedd Vaughan wedi newid ei feddwl ynghylch dilysrwydd y Brut – enghraifft nodedig o ŵr bonheddig yn newid ei safbwynt yn sylfaenol. Yn ei lythyr 'At y Darlleydd' yn *Yr Ymarfer o Dduwioldeb* (1629), arddelai Vaughan y safbwynt traddodiadol:

> Yr ydym ni yn meddiannu yr ynys hon ou blaen hwy [y Saeson], er bod Camden ai gau athrawiaeth ddyscedig a llawer o ddiscyblion iddo yn gwadu *Brutus* ac yn haeru mai Ieffrey o fynyw a scrifennodd o honaw gyntaf.

Defnyddiai'r un agwedd ffroenuchel at y beirniaid ag a wnâi Llwyd a Powel:

> cwsc dithau mewn heddwch *Camden* lythrennog o'm rhan i... Eithr nid wyf yn ammau na chânt hwy [disgyblion Camden] eu hatteb gan ryw fryttwn calonnog, fel nad el eu dychymygion yn gredadwy yn yr oesoedd nessaf.

Ond erbyn Tachwedd 1655 yr oedd wedi dechrau simsanu ac ysgrifennodd at Robert Vaughan, Hengwrt, ei gefnder a phennaf hynafiaethydd Cymru yng nghanol y ganrif, i ofyn beth yn union oedd y dystiolaeth am hanes Brutus, gan roi'r argraff i'w gefnder fod dychymyg Sieffre wedi chwarae rhan fawr yn natblygiad yr hanes. Cythruddwyd Robert Vaughan yn arw a gwrthododd drafod manylion yr hanes â'r fath anghredadun, gan gyflwyno dau bwynt yn unig a fyddai, yn ei dyb ef, yn torri'r ddadl. Diogelwyd drafft o'i lythyr at Rowland Vaughan, llythyr sy'n mynegi ei ddicter yn ddiflewyn-ar-dafod:

> And whereas you suppose Geffrey of Munmouth to be ye inventor & first author of Brut[us] name, therein, cousin, you shew yor want of skill in Antiquitie... I could heare give you ye names [of] more ancient authors who write of Brutus long before Geffrey, but to

9 Hengwrt, Llanelltud, sir Feirionnydd, lle yr ymhyfrydai Robert Vaughan yn ei lyfrgell odidog o lawysgrifau Cymraeg.

what ende? if you will denie all things: I will therefore first trie how these things I have now spoaken of will worke upon yor temper & be you pleased to embrase the British history, [whi]ch hath been receaved as most true and authentic by both Vniversities & by the 3 states of ye kingdom in Parliam[en]t, untill you doe produce unto us a more true & certaine history of o[u]r ancestors, supported with better authorities, And then you shall heare more from me.

Ond yr oedd Robert Vaughan (c.1592–1667), yntau, yn protestio gormod, oherwydd yr oedd ef ei hun wedi lleddfu cryn dipyn ar ei safbwynt digymrodedd. Tua 1652 dechreuodd weithio ar ei gasgliad 'Trioedd Ynys Prydein', yn rhannol er mwyn gwrthbrofi dadleuon Camden, ac yn enwedig er mwyn ateb dadleuon beirniaid Sieffre nad oedd cyfeiriadau at y brenhinoedd a'r digwyddiadau rhyfeddol a gofnodwyd gan Sieffre yng ngwaith haneswyr Rhufain. Ni dderbyniai Vaughan y feirniadaeth hon a dadleuai mai ychydig oedd nifer yr haneswyr clasurol, a pha un bynnag gellid yn hawdd gael hyd i gyfeiriadau at ddigwyddiadau a ddisgrifid gan Sieffre yng ngwaith yr haneswyr hynny:

> it [Hanes Sieffre] is confirmed, in many particulars, by Roman writers, such as Caesar and others, with regard to what is related of Cassibelaunus, *Caswallawn*; and also by the testimonies of Dion and Suetonius, in what is related respecting Cunobeline, *Cynvelyn*; and Juvenal mentions Arviragus.

Datblygodd Vaughan safbwynt sy'n ymddangos yn fodern iawn inni heddiw, sef yr hyn a elwid yn 'ffordd ganol' (*via media*). Dadleuodd fod ffordd ganol yn bodoli rhwng eithafwyr a gredai nad oedd dim yn wir oni cheid ateg iddo yng ngwaith haneswyr clasurol 'those who admit only what is written by Roman writers', a'r garfan arall a gredai fod Hanes Sieffre yn wir pob gair ac a fynnai gadw 'every vain fable, absurd miracle and false prophecy contained in our history, and would have them believed and assented to as solid and undoubted truths'. Yr oedd hwn yn gyfaddefiad pur chwyldroadol, a gwnaeth gryn argraff ar y deallusion. Yn wir, hwn fu'r dehongliad mwyaf cymeradwy hyd ddiwedd oes y Stiwartiaid ac ymhell wedi hynny. Gan fod *imprimatur* Robert Vaughan ar y dehongliad hwn, perchid ei farn gan hynafiaethwyr eraill. Gwyddent hefyd, wrth gwrs, am y ffynonellau dihysbydd o wybodaeth a oedd ganddo yn ei lyfrgell ddihafal yn Hengwrt. Ceir cyfres o englynion diddorol gan John Gruffydd, Llanddyfnan, sir Fôn, ym 1662 yn annog Vaughan a'i gyfaill, yr hynafiaethydd a'r 'chymist' Meredydd Lloyd (als. Bedo Lloyd) o'r Trallwng, 'i osod allan henafiaeth ag ystori Kymry':

> Ceisiwch hen lyfrau caswyr – y menych
> A mwynau Rhufeinwyr;
> Argraffau llechau hyd llyr
> O gwellwch hynod gallwyr.

Er ei drafferthion, cynigia Gruffydd roi help llaw i'r ddau:

> Helpaf am allaf y' Môn – ddau fwynwyr,
> Da fanwl athrawon;
> Y blaen sydd blin ar Sion
> Ynghanol ei anghenion.

Er bod y pwnc yn un dadleuol o hyd ymhlith hynafiaethwyr, ymddengys fod hyd yn oed llenor fel Charles Edwards yn arddel y safbwynt traddodiadol yn ei grynswth. Brodor o'r un plwyf â William Maurice, sef Llansilin, oedd Edwards, a dangosodd G. J. Williams fod un o'r llawysgrifau a ddefnyddiodd wrth baratoi ei adran ar 'Hanes y Ffydd yng Nghymru' yn *Y Ffydd Ddiffuant* wedi bod ym meddiant Maurice, ac awgryma mai ganddo ef y cafodd Edwards y ffynhonnell. Ymddengys nad oedd dilysrwydd yr hanes yn broblem i Edwards, ond nid oedd pawb yn fodlon derbyn y consenswr.

Erbyn chwarter olaf y ganrif pwnc ysgolheigaidd i'w drafod yn rhesymol ymhlith ysgolheigion oedd Hanes Sieffre o Fynwy, er na ddylid tybio ei fod wedi colli ei bwysigrwydd cynhenid i rai ohonynt. Mewn llythyr a ysgrifennwyd at William Maurice, Cefn-y-braich, ar 12 Hydref 1677, cofnodir sgwrs rhwng William Lloyd, a oedd y pryd hwnnw yn ficer yn Llundain (fe'i dyrchafwyd yn Esgob Llanelwy ym 1680) a'r hynafiaethydd Meredydd Lloyd. Ymddengys nad oedd y ddau Lloyd yn cytuno ynghylch dilysrwydd Hanes Sieffre, ond yr oeddynt ill dau yn chwilio am oleuni ar sail y dystiolaeth hanesyddol ac yn gallu cytuno'n waraidd i anghytuno. Meddai Meredydd Lloyd:

> Doctor William Lloyd that was of Readinge, now of St. Martin, [in the Fields] Chaplayn to the Princesse of Orange & now in Holland with her, was pleased to tell me that he was of opinon that there was noe mencion ever made of Brutus in any of our bookes or of a

monarche in this land till the quarell hapned betweene Edward the 2d & the kinge of Scotland & that at that tyme the kinge sent to all the monesteries &c. to conkvre what should be written to the Pope & the contents of it foisted into all histories written or transcribed sythence that tyme. I tould him that in our law I had read this passage, 'vn Goron arbennig a gynhelir yn ynys Brydain ac yn Llundain cadw'r Goron; a thair Talaith a gynhelir dani, vn y Nghymrv ben baladr, arall y Nin Eiddin yn y Gogledd ar drydedd y Nghernyw'. This I read in a little booke of myne now in your custodie, written as I take it before that tyme ... The Doctor is a worthy man & a great historian & I thinke he suggested this to me to see whether wee could produce any auntient Records in this behaalf; what you can say lett me know it – I know he will be very willinge to be convinced in this Particular.

Erbyn canol y ddeunawfed ganrif yr oedd yr hinsawdd feddyliol wedi newid unwaith eto a'r Esgob Lloyd yn cael ei ddifenwi yn ddidrugaredd gan deulu'r Morrisiaid a'u cylch am feiddio amau gwirionedd Hanes Sieffre. Yn eu tyb hwy, bradwr o'r radd waethaf oedd Lloyd, ac meddai Ieuan Fardd amdano:

Dyna i chwi gachgi digon haerllug a digywilydd! Ffei o honaw! Ymmaith ar yscerbwd drewllyd, ni thal mor son am dano.

I Lewis Morris, 'That despiser of his Country' oedd William Lloyd, a diau fod y ffaith fod yr esgob yn disgyn o deulu'r Henblas yng nghanol sir Fôn yn halen ar y briw cyn belled ag yr oedd y Morrisiaid yn y cwestiwn. Dengys y dyfyniadau hyn gymaint o newid a fu yn agwedd ysgolheigion at y pwnc rhwng diwedd yr ail ganrif ar bymtheg a chanol y ddeunawfed ganrif.

Ceir y datganiad cyflawnaf o'r ffordd ganol yn rhagymadrodd William Wynne i'w addasiad o *Historie of Cambria* David Powel, *The History of Wales* (1697). Yn ôl Wynne, cyfieithydd yn hytrach nag awdur oedd Sieffre, cyfieithydd a ychwanegodd ddeunydd o ffynonellau barddol, chwedlonol a thraddodiadol at ei ffynhonnell gysefin. Nododd Wynne, yn deg ddigon, fod Sieffre ei hun yn cyfaddef mai cyfieithu yr oedd o 'lyfr tra hen' a roddwyd iddo gan ei gyfaill, Gwallter, Archddiacon Rhydychen. Derbyniodd y ffordd ganol hon gymeradwyaeth y mwyaf o'r ysgolheigion Cymraeg, sef Edward Lhuyd, pan ddywedodd yn argraffiad 1695 o lyfr Camden, *Britannia*:

> That this *Jeffrey of Monmouth* (as well as most other Writers of the Monkish times) abounds with Fables, is not deny'd by such as contend for some authority to that History: but that those Fables were of his own Invention, seems too severe a censure of our Author's, and scarce a just accusation: since we find most or all of them, in that British History he translated.

Trwy fabwysiadu'r ffordd ganol hon, pe dymunent, gallai'r Cymry ddal i gredu yng ngogoniannau'r hanes Brytanaidd a gorffennol ysblennydd y genedl a thadogi unrhyw beth nad oedd yn cyd-fynd â'r syniadaeth dderbyniol ar y proses o drosglwyddo hanes a'r llygru anochel a ddigwyddai wrth gyfieithu. Aeth yr ymchwil am y copi 'gwreiddiol' o 'lyfr tra hen' Gwallter, neu Frut Tysilio fel y daethpwyd i'w alw, â bryd hynafiaethwyr y ddeunawfed ganrif ac yn un o'r pynciau a drafodid yn aml gan y Morrisiaid yn eu llythyrau.

Yr oedd cynnal y dehongliad gwladgarol o wir bwys i Gymry gwlatgar yn ail hanner yr ail ganrif ar bymtheg. Yr oeddynt wedi byw trwy chwyldro a chythrwfl mawr y rhyfeloedd cartref. Llwyddodd llinach y Stiwartiaid i ymdoddi i'r gymdeithas Seisnig/Gymreig a Chymraeg heb fawr ddim trafferth, gan ennyn teyrngarwch y mwyafrif

10 'Hanes Daret am dinustriad Troia' yn llaw John Jones, Gellilyfdy
(Ll.G.C. Llsgr. Peniarth 314E, ffolio 6).

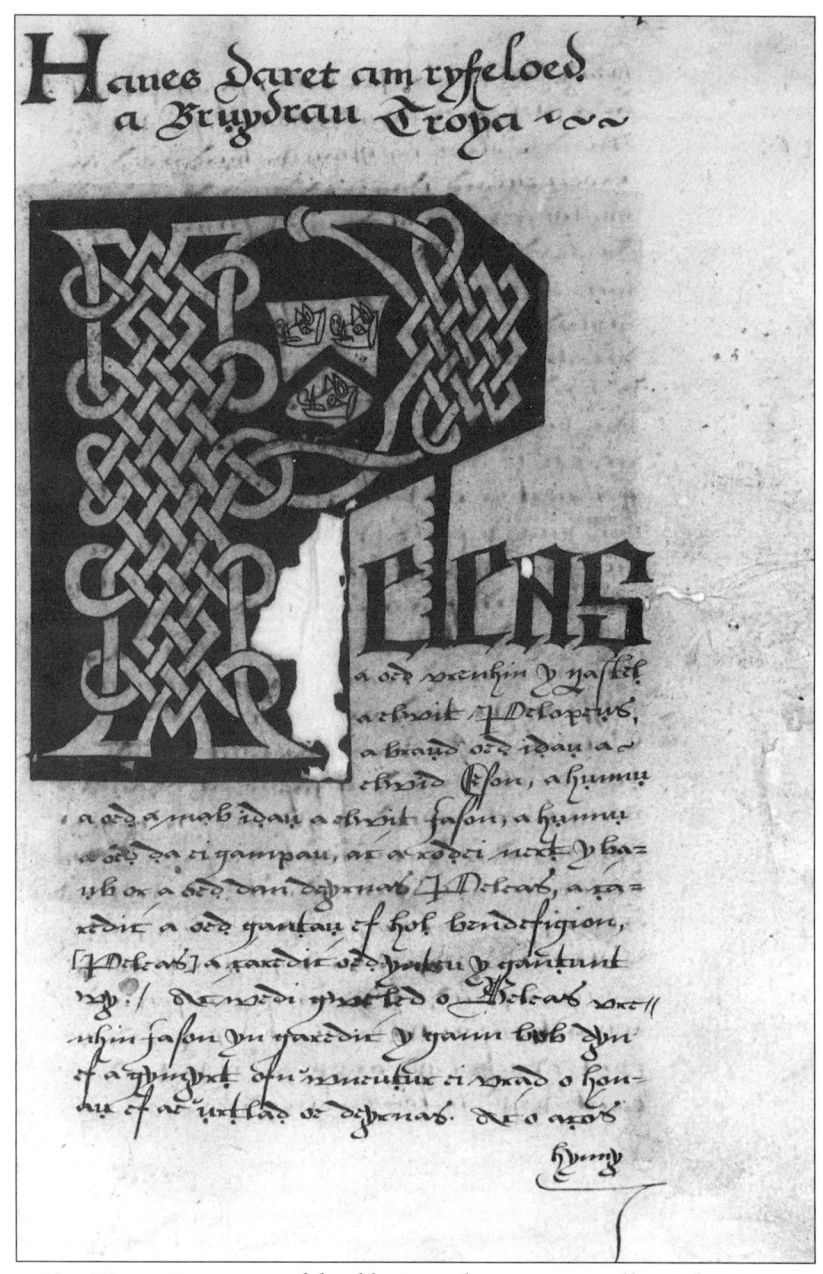

11   'Hanes Daret am ryfeloedd a Brwydrau Troya' yn llaw John Jones, Gellilyfdy (Ll.G.C. Llsgr. Peniarth 266D, ffolio 1).

llethol o Gymry fel y gwnaeth y Tuduriaid o'u blaen. Elwasai'r Tuduriaid yn sylweddol ar eu cysylltiadau Cymreig a'u defnyddio yn fwriadol er eu lles eu hunain. Enghreifftiau amlwg o hyn oedd y ffordd y manteisiodd Harri VII ar ei ddelwedd fel y mab darogan, sef yr un a wireddodd y broffwydoliaeth y byddai Cymro yn gwisgo coron Ynys Prydain unwaith eto. Nid y beirdd Cymraeg yn unig a bwysleisiodd yr agwedd hon oherwydd, fel y dangosodd Glanmor Williams, cyfeiriai cerddi gan feirdd Ffrainc, yr Eidal a'r Alban at hyn. Mabwysiadodd Harri Tudur ddraig goch Cadwaladr ar gefndir gwyn a gwyrdd fel ei faner bersonol a phan anwyd ei fab hynaf ym 1486 yr oedd yn anochel y byddai'n dewis ei alw yn Arthur, sef arwr canolog Brut Sieffre. Croesawodd Gymry i'w lys ac awdurdododd gomisiwn i olrhain ei achau, gweithgarwch a fyddai'n siŵr o apelio at ei ddeiliaid yng Nghymru. Fel ei thaid, manteisiodd Elisabeth ar gysylltiadau Cymreig y Tuduriaid pan oedd hynny o fantais i'r Goron, ac ingol oedd galar y beirdd pan fu farw ym mis Mawrth 1603. Trosglwyddwyd y parch a'r teyrngarwch a deimlid at y Tuduriaid i'w holynydd, sef yr Albanwr, Iago I. Yr oedd ganddo yntau ei gysylltiad â Chymru drwy ei hen nain, Margaret Tudor, merch Harri VII, a briododd Iago IV o'r Alban. Ond er mor fregus oedd cysylltiadau Cymreig yr Albanwyr hyn, ymlafniai hynafiaethwyr Cymru i'w huniaethu â Chymru ac â'r hanes traddodiadol, fel y gwelwyd eisoes. Yr oedd galar beirdd Cymru pan fu farw mab Iago, Henry Tywysog Cymru, ar 6 Tachwedd 1612, bron mor ddirdynnol â'u galar ar ôl marw Elisabeth, a fuasai'n teyrnasu am dros ddeugain mlynedd, ac ni fu un rhan o'r deyrnas yn fwy teyrngar i'r Brenin Siarl I drwy gydol y rhyfeloedd cartref gwaedlyd na Chymru a'i boneddigion. Mawr oedd gorfoledd a llawenydd beirdd fel Huw Morys ac Edward Morris pan adferwyd Siarl II i deyrnas ei dad ym mis Mai 1660. Yn nhyb Edward Morris, golygai'r Adferiad fod y bydysawd yn ôl ar ei echel ar ôl i drefn naturiol Duw a'r Cread gael eu bwrw o'r neilltu gan Cromwell a'i ddilynwyr. Ar ôl galw ar drigolion y nefoedd, y ddaear a'r moroedd, y planedau a'r holl elfennau i foli Duw, eglurodd Morris paham yr oedd hynny yn briodol:

> Fe dynnodd Duw'r awran bob un i'w le'i hunan
> A'r gonest, pureiddlan yn gyfan o'i gur;
> Charles oedd ben arnom yn hyn a gollasom,
> Charles eilwaith a gawsom drwy gysur.

Cyfraniad pennaf hynafiaethwyr ac ysgolheigion i'r diwylliant Cymraeg oedd eu hymdrech ddygn i gynnal a chadw urddas cenedl y Cymry o fewn y cyd-destun hwn. Ymddengys eu hymdrechion yn rhyfedd iawn, onid yn wrthun, i ni, yn enwedig mewn rhai achosion megis eu teyrngarwch cibddall i'r frenhiniaeth Seisnig. Ond gellir cydymdeimlo â'u safbwynt o gofio am y cyfraniad cwbl ymarferol a wnaed gan yr hynafiaethwyr a fu'n gweithio mor ddygn i gofnodi a diogelu hanes a llenyddiaeth y genedl yn ystod y ddwy ganrif pan fu difrodi aruthrol ar lyfrau a llawysgrifau. Bu'r ymdrech seithug i geisio profi dilysrwydd hanes Sieffre yn y lle cyntaf ac i chwilio am ei ffynhonnell dybiedig, sef 'y llyfr tra hen', yn ysbardun iddynt ac yn ysbrydoliaeth i gasglu i'w llyfrgelloedd preifat bopeth y gallent ei grafangu o weddillion yr hen lenyddiaeth.

Nid gwaith hawdd oedd cael hyd i drysorau hanesyddol y genedl. Un o sgil-effeithiau helyntion priodasol Harri VIII yn nhridegau'r unfed ganrif ar bymtheg oedd diddymu'r mynachlogydd ac, o ganlyniad, dinistriwyd y llyfrgelloedd a gynhwysai lawysgrifau o'r Oesoedd Canol. Ar ddechrau'r ail ganrif ar bymtheg rhoes Ieuan Llwyd ap Dafydd o Nantymynach esboniad digon rhesymol paham na cheid llawysgrifau Cymraeg yn ei gyfnod ef, sef fod y Saeson wedi llosgi llyfrau'r Cymry. Ceir y cyfeiriad cynharaf yn y Gymraeg at ddifa llyfr yn Llyfr Du Caerfyrddin, lle y sonnir am Ysgolan yn boddi 'llyfr rhodd', sef llyfr a roddwyd yn rhodd i eglwys, y mae'n debyg. Olrheiniodd A. O. H. Jarman ddatblygiad y stori am losgi llyfrau'r Cymry yn ystod rhyfeloedd Edward I ac yn ystod gwrthryfel Owain Glyndŵr. Ceir cyfeiriadau at Ysgolan gan gywyddwyr, mewn cerdd rydd gan Thomas Jones, offeiriad Llandeilo Bertholau ym 1588, ac yn rhagymadrodd yr Esgob Richard Davies i Destament Newydd 1567. Beth bynnag am sylfaen hanesyddol y cyfeiriadau hyn, y mae'n sicr fod rhywfaint o sail i'r stori yn ystod teyrnasiad Edward VI ac Elisabeth, pan ddinistriwyd llawer o lyfrau gwasanaeth a llyfrau oriau Pabyddol Lladin, yn rhannol am eu bod yn dyst i'r Hen Ffydd, a hefyd am eu bod yn cael eu hystyried yn llyfrau'r diafol gan wŷr y grefydd Brotestannaidd newydd. Yn ôl John Aubrey:

> My old cosen Parson Whitney told me that in the Visitation of Oxford in Edward VI's time they burned Mathematicall bookes for Conjuring bookes, and, if the Greeke Professor had not accidentally come along, the Greeke Testament had been thrown into the fire for a Conjuring booke too.

Os gallai hynny ddigwydd yn Rhydychen ddysgedig, beth am fannau eraill llai breintiedig? Bu Cymru yn llai ffodus yn yr unfed ganrif ar bymtheg gan nad arbedwyd cynifer o lawysgrifau crefyddol ag a wnaed yn Lloegr, er bod rhai teuluoedd bonheddig a chasglwyr fel Syr John Pryse, Aberhonddu, wedi 'arbed' rhai llawysgrifau o'r mynachlogydd. Rhaid cofio hefyd nad oedd llyfrgelloedd tai crefydd ac eglwysi Cymru hanner mor gyfoethog â rhai Lloegr yn y lle cyntaf, a dim ond dyrnaid o lyfrau gweddi a Beibl Lladin a gedwid yn yr eglwysi plwyf. Noddai boneddigion a'u gwragedd a'r clerigwyr pwysicaf lenyddiaeth drwy gomisiynu cyfieithiadau o destunau Lladin yn bennaf, yn ogystal â thalu am gasgliadau o farddoniaeth a rhyddiaith frodorol. Ymhlith yr enwau adnabyddus ceir Ieuan Llwyd ab Ieuan o Barcrhydderch, Llangeitho, a'i wraig Angharad a'u mab Rhydderch, a Hopcyn ap Tomos a'i frawd Rhys ap Tomos o Ynysforgan, ger Ynystawe, Abertawe. Ond enghreifftiau prin yw'r rhain.

Wedi difrod y Diwygiad Protestannaidd nid oedd na llyfrau na llawysgrifau yn ddiogel oherwydd yng nghanol yr ail ganrif ar bymtheg daeth galanastra'r rhyfeloedd cartref i darfu ar heddwch y wlad. Unwaith eto gwelwyd llawysgrifau cain yn cael eu difrodi yn fwriadol am y tybid eu bod yn 'Babaidd'; dinistriwyd eglwysi a maluriwyd ffenestri lliw am yr un rheswm. Ond mwy dinistriol, efallai, nag unrhyw fandaliaeth fwriadol ar ran milwyr a selotiaid crefyddol oedd y ffordd ddifeddwl y dinistriwyd llawysgrifau oherwydd anwybodaeth neu ddihidrwydd drwy gydol oes y Tuduriaid a'r Stiwartiaid.

Gan fod cynhyrchu llawysgrifau yn waith costus a llafurfawr, dim ond y cyfoethogion mewn byd ac eglwys a allai eu fforddio. Weithiau nid oedd eu perchenogion yn gallu darllen gweithiau a oedd yn eiddo iddynt, ond, megis nwyddau gwerthfawr heddiw, yr oedd eu prinder a'u gwerth yn dwyn urddas a mawredd iddynt. Fel y lledaenai llyfrau printiedig yn ystod yr unfed ganrif ar bymtheg, pryderai perchenogion llawysgrifau fod arbenigrwydd y testunau a fuasai'n eiddo iddynt hwy yn unig yn darfod wrth i lawer mwy o bobl brynu copïau o'r testunau mewn papur ac inc. Gyda dyfodiad llyfrau printiedig collodd y gair ysgrifenedig lawer o'i ddirgelwch a'i rin, ond ceisiai rhai perchenogion llawysgrifau ddal y llif yn ôl drwy wrthod caniatâd i neb weld eu llawysgrifau nac i'w copïo. Ceisient ddiogelu eu testunau unigryw drwy wrthod caniatáu iddynt gael eu lledaenu mewn print.

Ond ni ellid troi'r cloc yn ôl gan fod llyfrau printiedig yn dylifo o'r gweisg ledled Ewrop a boneddigion yn gyffredinol yn dod yn fwy llythrennog. Wrth i addysg ramadeg ddod yn bwysicach fel rhan o arfogaeth ysgwieriaid a'r dosbarth canol, daeth prynu a darllen llyfrau printiedig yn fwy cyffredin yn eu plith. Yn llythyrau Wynniaid Gwedir, er enghraifft, ceir rhestrau o lyfrau i'w prynu yn Llundain. Ond yr oedd elfen arall yn effeithio'n drwm ar barhad y traddodiad llawysgrifol. Fel y deuai llyfrau printiedig yn fwyfwy cyffredin, peidiai'r angen i ddiogelu llawysgrifau, ac un o nodweddion mwyaf torcalonnus yr ail ganrif ar bymtheg yw'r storïau cyson am ddinistrio llawysgrifau canoloesol. Y mae cwyn Siôn Dafydd Rhys ynglŷn â diffyg parch at lawysgrifau yn adnabyddus:

> onyd gwedy angeu a marwolaeth eu ceidweid, ddyfod o'r llyfreu hynn drwy ddrwg ddilaith a thynghedfen, i ddwylo Plantos o'i rhwygo, ag i wneuthur babiod o honynt; neu at Siopwrageddos i ddodi llyssieu sioppeu ynddynt: neu ynteu at Deilwrieit, i wneuthur dullfesurau dillados a hwynt: hyd nadd oes nemor o'r petheu odidoccaf ynn y Gymraec (wrth hyn o gamwedd) heb eu hanrheithio a'i difa yn llwyr.

Yr oedd yr un fandaliaeth yn digwydd yn Lloegr, fel y tystiodd John Aubrey:

> In my grandFather's dayes, the Manuscripts flew about like Butter-flies ... I went to see Parson Stump out of curiosity to see his Manuscripts, wherof I had seen some in my Child-hood; but by that time they were lost and disperst; His sonns were gunners and souldiers, and scoured their gunnes with them.

Awgryma disgrifiad trist Aubrey o lawysgrifau yn hedfan fel pilipala fod llawysgrifau addurnedig yn cael eu fandaleiddio yn hollol ddifeddwl. Ond nid hen lawysgrifau yn unig a gollai eu harbenigrwydd. Un rheswm paham y mae cyn lleied o lawysgrifau'r Ficer Prichard wedi goroesi yw'r ffaith fod y cerddi wedi eu printio mor gynnar. Os oedd copïau print ar gael, pa angen oedd mynd i'r drafferth lafurus o gopïo â llaw? Un peth sy'n sicr, yr ydym yn ddyledus i hynafiaethwyr oes y Stiwartiaid am sicrhau bod cynifer o lawysgrifau'r Oesoedd Canol a'r Dadeni wedi goroesi. Dangosodd G. J. Williams, hanner canrif yn ôl bellach, fod y mwyafrif llethol o'r llawysgrifau Cymraeg sydd wedi goroesi hyd heddiw i'w cael yn llyfrgelloedd hynafiaethwyr gogledd Cymru erbyn canol yr ail ganrif ar bymtheg. Yr enwocaf a'r bwysicaf o'r llyfrgelloedd hynny oedd un Robert Vaughan yn Hengwrt, ger Dolgellau. Yn y plas bychan hwnnw yng nghanol yr ail ganrif ar bymtheg gellid gweld Llyfr Du Caerfyrddin, Llyfr Gwyn Rhydderch, Llyfr Taliesin, Llawysgrif Hendregadredd, Brutiau, Cyfreithiau yn Lladin a Chymraeg, Llyfr Llandaf, ac Ystoria Seint Greal, i enwi rhai o'r pigion yn unig. Ac nid Hengwrt oedd yr unig lyfrgell o bwys, er mai ynddi hi yr oedd y cyfoeth mwyaf o destunau. Yr oedd casgliad William Maurice, Cefn-y-braich, yn enwog yn ogystal, a deil traddodiad ei fod wedi codi adeilad trillawr a elwid 'Y Study' i gadw'r llyfrgell. Pa ryfedd ei fod ef a Meredydd Lloyd yn fawr eu gofid am ddyfodol llyfrgell Hengwrt ar ôl marw Robert Vaughan ym 1667? Gweithiodd Maurice yn ddygn i geisio sicrhau y byddai'r llyfrgell yn mynd yn gyfan gwbl i'r Glasgoed, Llansilin, lle'r oedd William Williams, a benodwyd wedi hynny yn Llefarydd Tŷ'r Cyffredin, yn awyddus i'w phrynu. Er mawr siom i Maurice, ni ddigwyddodd hynny. Trosglwyddwyd llyfrgell y Glasgoed (a symudwyd wedyn i Lanforda) i Wynnstay tua 1771, lle y llosgwyd y rhan fwyaf o'r llawysgrifau mewn tân difaol ym 1858. Arbedwyd llyfrgell Hengwrt ond collwyd y rhan fwyaf o lyfrgell William Maurice, gan gynnwys trysorau fel Llyfr Gwyn Hergest a llawysgrif bwysig o Gyfreithiau Hywel Dda. Yr oedd o leiaf ran o lyfrgell John Jones, Gellilyfdy, hithau wedi mynd i Hengwrt; ceir cyfeiriad ar ôl iddo ef farw ym 1657–8 fod ganddo yng ngharchar y Fflyd yn Llundain:

severall boxes & bagges of Writeinges. All which writeinges were... delivered to one Mr Howell Vaughan to be kept in trust vntill some Certaine sume of money were payed to the said Mr Howell Vaughan.

Ni throsglwyddwyd y cyfan o lawysgrifau John Jones i ofal Hywel Vaughan (mab hynaf Robert Vaughan) oherwydd ceir llythyrau at Elizabeth, gweddw Jones, ac at ei thad oddi wrth Robert Vaughan, yn holi am hynt y llawysgrifau ac yn pryderu am eu cyflwr:

I expected you would have written unto me to fetche the books before the winter comes, for hereafter they wilbe at great hazard of spoyling by reason of this wett wether. Besides I have heard to my sorrowe that the bookes are missled & carried away by maney and if the best be taken away it will be bootlesse for me to send soe farre for the raggs such as [are] worth little or nothing.

Cyfeiriodd Edward Lhuyd at lyfrau Meredydd Lloyd mewn llythyr a anfonodd at Thomas Anstis, Garter King of Arms:

there was of late years one Bedo or Mredydh Lhwyd at the Charter House who had ye character of being somewhat of a Welsh antiquary'n. If he enquir'd there perhaps some of his books might be seen.

Gwerthfawrogai Lhuyd bwysigrwydd llawysgrifau fel ffynonellau ac y mae'n arwyddocaol fod catalogau o lawysgrifau yn rhan o'r unig gyfrol a argraffwyd o gynllun mawreddog Lhuyd, sef *Archaeologia Britannica*, ym 1707.

Oni bai am yr hynafiaethwyr hyn byddai ein gwybodaeth heddiw am lenyddiaeth gynnar Cymru, yn farddoniaeth a rhyddiaith, ac am gyfreithiau Hywel Dda a cherddi'r Gogynfeirdd a llawer pwnc arall, yn dra arwynebol ac

12 Darlun o Edward Lhuyd (1660–1709) yn Llyfr Noddwyr Amgueddfa Ashmole.

anghyflawn. Iddynt hwy, am eu dygnwch yn chwilota a chasglu, yn dadlau ac ymgecru, y mae ein diolch fod cynifer o lawysgrifau wedi eu diogelu, ac un o'r rhesymau pwysicaf paham yr oeddynt mor ddyfal a diwyd oedd eu hymdrech seithug i ddarganfod tystiolaeth lawysgrifol a oedd yn profi dilysrwydd yr Hanes a gyflwynodd Sieffre o Fynwy i'r genedl. Er na lwyddodd yr ymgyrch honno, llwyddwyd i gadw'r syniad o arbenigrwydd cenedl y Cymry yn fyw trwy gyfnod pan oedd yr holl bwysau o blaid ymdoddi i'r wladwriaeth Seisnig.

DARLLEN PELLACH

R. Geraint Gruffydd, 'Dr John Davies, "the old man of Brecknock"', *Archaeologia Cambrensis*, CXLI (1993).
A. O. H. Jarman, 'Lewis Morris a Brut Tysilio', *Llên Cymru*, II (1952).
A. O. H. Jarman, 'Y Ddadl ynghylch Sieffre o Fynwy', *Llên Cymru*, II (1952).
E. D. Jones, 'Rowland Fychan o Gaer-Gai a Brut Sieffre o Fynwy', *Llên Cymru*, IV (1956–7).
E. D. Jones, 'George Owen Harry (c.1553–1614)', *The Pembrokeshire Historian*, 6 (1979).
Thomas Kendrick, *British Antiquity* (Llundain, 1950).
Nesta Lloyd, 'John Jones, Gellilyfdy', *Flintshire Historical Society Publications*, 24 (1969–70).
F. G. Payne, 'John Lewis, Llynwene, Historian and Antiquary', *Transactions of the Radnorshire Society*, XXX (1960).
Brynley F. Roberts (gol.), *Brut y Brenhinedd: Llanstephan MS. 1 Version* (Dulyn, 1971).
Brynley F. Roberts, 'Ymagweddau at Brut y Brenhinedd hyd 1890', *Bwletin y Bwrdd Gwybodau Celtaidd*, XXIV, rhan 2 (1971).

PAPURAU HOWELL HARRIS

Geraint Tudur

Wrth ei ffrwythau, gadewch inni ei adnabod yn ŵr aruthrol weithgar ac aruthrol fawr.

Derec Llwyd Morgan

Sylweddolodd Howell Harris yn fuan iawn yn ei yrfa ei fod yn gymeriad o bwys a'i fod yn chwarae rhan bwysig yn natblygiadau cynhyrfus ei gyfnod. Mor gynnar â mis Mawrth 1736, lai na blwyddyn wedi ei dröedigaeth, yr oedd yn nodi yn ei ddyddiadur ei fod wedi dylanwadu ar 'rai cannoedd' o bobl, a naw mis yn ddiweddarach, wrth nodi bod nifer y dychweledigion yn dal i gynyddu, dywedodd fod Duw yn eu bendithio yn helaeth drwy'r geiriau yr oedd ef yn eu llefaru wrthynt. Ym mis Ionawr 1737 clywodd fod rhai yn ei alw yn 'ddiwygiwr mawr', tra oedd eraill yn awgrymu ei fod yn lloerig ac yn ei fygwth. Gofidiai yn fawr na allai argyhoeddi'r bobl hyn o darddiad dwyfol ei genhadaeth heb iddynt hwy yn gyntaf ddangos rhywfaint o barodrwydd i gydnabod ei lwyddiant. Yn ei ddiniweidrwydd, credai y byddai eu cael i wneud hynny yn ddigon i'w perswadio fod y gwaith yr oedd yn ei gyflawni wrth fodd Duw ac yn unol â'i ewyllys.

Wedi dweud hynny, nid yr ymdeimlad hwn o'i bwysigrwydd ef ei hun a barodd i Harris ddechrau cadw dyddiadur. Digwyddodd hynny cyn iddo ddechrau cenhadu. Un o'r gwersi cyntaf a ddysgodd trwy'r llenyddiaeth ddefosiynol a ddarllenodd yn ystod ei dröedigaeth oedd mai buddiol fyddai iddo gadw cofnod o'i brofiadau er mwyn gallu gweld yn ddiweddarach ym mha ffyrdd y bu Duw yn gweithio yn ei fywyd. Ac nid hynny yn unig. Byddai cadw cofnod hefyd yn fodd i ogoneddu Duw oherwydd, yn unol â'r traddodiad Piwritanaidd, byddai dyddiadur yn fath ar lyfr cownt ysbrydol, yn nodi, ar y naill law, holl ddiffygion Harris fel pechadur ac, ar y llaw arall, raslonrwydd mawr Duw. Byddai hefyd yn gyffesgell: yma gallai Harris agor ei galon mewn gweddi ysgrifenedig, gan rannu â'i Dad nefol ei obeithion a'i ofnau, ei ddyheadau a'i siomedigaethau. Nid tan 1738, ac yntau erbyn hynny yn dra ymwybodol o'i enwogrwydd ef ei hun, y cawn awgrym ei fod yn ysgrifennu ag un llygad ar ddarllenwyr posibl yn y dyfodol. Ei weddi ar yr achlysur hwnnw oedd y byddai ei ysgrifeniadau nid yn unig o gymorth iddo ef ond hefyd, o bosibl, 'o werth i eraill'.

I'r patrwm hwn o feddwl a gweithredu y perthyn y llythyrau hefyd. Os oedd dyddiadur yn un dull o gofnodi hanes a datblygiad, gwyddai Harris hefyd y gallai llythyr gyflawni'r un diben. Y mae'n arwyddocaol mai llythyrau teuluol yw pob llythyr sydd wedi goroesi o'r cyfnod cyn ei dröedigaeth, ac y

13 Howell Harris, arweinydd y mudiad Methodistaidd. Yn ôl Robert Jones, Rhos-lan: 'Yr oedd ef yn ŵr o feddwl cryn anorchfygol; ni chymerai yn hawdd ei blygu.'

mae'n fwy na thebyg mai ei fam a'u cadwodd yn rhan o'r casgliad atgofus hwnnw o greiriau teuluol y mae cynifer o rieni yn eu hel wrth fagu plant. Dim ond ar ôl y dröedigaeth y ceir gohebiaeth ag unigolion y tu allan i'r teulu, ac wrth i arwyddocâd cymdeithasol ei weithgarwch crefyddol wawrio arno buan y daeth Harris i sylweddoli'r angen i ddiogelu pob llythyr ac, yn wir, pob dalen a fyddai'n mynd trwy ei ddwylo. Ymhen amser byddai'n cael clerc i'w gynorthwyo, a rhan o ddyletswyddau hwnnw oedd nid yn unig roi trefn ar y llythyrau y byddai Harris yn eu derbyn ond hefyd gadw copïau o'r llythyrau yr oedd yn eu hanfon. Drwy sicrhau hyn, gwnaeth Harris gymwynas fawr â haneswyr y dyfodol drwy ddiogelu dwy ochr yr ohebiaeth rhyngddo ef a'i gyfoedion.

Canlyniad hyn oll yw fod Howell Harris wedi gadael casgliad sylweddol o lawysgrifau ar ei ôl, yn ddyddiaduron a llythyrau yn ogystal ag amrywiol bapurau eraill. Yn wir, y mae yn gasgliad mor fawr a chyfoethog fel ei bod yn bosibl dweud mai'r unig beth o'r ddeunawfed ganrif sy'n cymharu ag ef yw'r casgliad cyfatebol o bapurau a adawodd John Wesley yn Lloegr. Prin, felly, fod angen pwysleisio ei bwysigrwydd. Nid yn unig y mae'n un o'n prif ffynonellau wrth geisio olrhain hanes blynyddoedd cynnar y diwygiad Methodistaidd yng Nghymru, ond y mae hefyd yn fodd inni fynd i'r afael â meddwl un o'r gwŷr a ddaeth â'r diwygiad hwnnw i fodolaeth, ac i geisio asesu maint ei gyfraniad i ddigwyddiadau ei gyfnod ac i hanes ei genedl.

Casglu llwch fu'r llawysgrifau am dros ganrif wedi marwolaeth Harris hyd nes i O. M. Edwards, yn hwyr yn y 1880au, dynnu sylw at eu pwysigrwydd ac awgrymu y dylid rhoi trefn arnynt. Erbyn hynny yr oedd yr adeiladau a fu unwaith yn gartref i Deulu enwog Trefeca wedi eu troi yn goleg, ac ymgymerodd yr is-brifathro, Edwin Williams, â'r dasg. Iddo ef, felly, ac i'w gynorthwywr, Edward E. Morgan, Bronllys, y mae'r clod am yr ymdrech gyntaf i ddidoli'r papurau.

Tra oeddynt wrthi, defnyddiodd O. M. Edwards y rhifyn cyntaf o'i gylchgrawn *Cymru* (Awst 1891) i gyflwyno i'w ddarllenwyr 'sypyn o hen lythyrau' y daethai ar eu traws 'wrth ddarllen y llond cypyrddau o lawysgrifau adawodd Howel Harris ar ei ôl i deulu Trefeca'. Ym 1894 cyflwynodd i'r di-Gymraeg ddarnau o'r dyddiaduron ar dudalennau ei gylchgrawn Saesneg, *Wales*, a chan fod hynny wedi digwydd tua'r un amser â chyhoeddi cyfrol Hugh John Hughes, *Life of Howell Harris* (1892) a chyfrol John Morgan Jones a William Morgan, *Y Tadau Methodistaidd* (1895), ymddengys fod y diddordeb ym mhapurau Harris yn cynyddu'n gyflym a bod eu gwerth fel ffynhonnell hanesyddol o'r diwedd yn dod yn amlwg.

Cyhoeddwyd llyfrau ar Harris ac ar Fethodistiaeth cyn y 1890au. Ym 1851 ymddangosodd y gyntaf o dair cyfrol John Hughes, Lerpwl, ond, fel y nododd M. H. Jones, nid oedd dulliau casglu gwybodaeth yr awdur hwnnw yn cynnwys treulio amser yn astudio ffynonellau gwreiddiol megis rhai Trefeca. Ni wnaeth nemor ddim defnydd ohonynt, dim ond dibynnu ar amrywiol gynorthwywyr o amgylch y wlad heb ymboeni gormod am ddilysrwydd y ffynonellau yr oeddynt yn tynnu arnynt. Fodd bynnag, cyflawnwyd gwaith amgenach gan Edward Morgan, ficer Syston yn swydd Gaerlŷr, yn ei gofiant ef i Harris. Derbyniodd beth deunydd gan John Bulmer, Hwlffordd, a oedd wedi cyhoeddi *Memoirs of the Life of Howell Harris* ym 1824, ac a oedd wedi bwriadu ymgymryd â'r gwaith o baratoi cyfrol lawnach ei hun. Pan sylweddolodd na fyddai hynny'n bosibl, trosglwyddodd yr wybodaeth a gasglasai yn Nhrefeca i'w gyfaill, ac ymddengys oddi wrth y rhagair a ysgrifennodd i'r gyfrol ei fod yn dra bodlon â'r canlyniad.

Yn sgil awgrym O. M. Edwards, a thwf y diddordeb newydd ym mhapurau Harris a hanes y Methodistiaid Calfinaidd, ac o gofio bod cyfrol Richard Bennett, *Blynyddoedd Cyntaf Methodistiaeth* (1909), ar fin ymddangos, prin fod M. H. Jones, a benodwyd yn athro yn Nhrefeca ym 1906, wedi cael llawer o drafferth i argyhoeddi Cymdeithasfa'r De o bwysigrwydd llawysgrifau Trefeca. Gyda chydweithrediad parod Cymdeithasfa'r Gogledd, penderfynwyd sefydlu panel ym 1909 i'w harchwilio ac i awgrymu beth y dylid ei wneud â hwy. Cadarnhawyd gweithgareddau'r panel gan Gymdeithasfa Pontrhydfendigaid ym mis Hydref 1909 a Chymdeithasfa'r Wyddgrug ym mis Ebrill 1910, ac aeth cais o'r ddwy gynhadledd i'r Gymanfa Gyffredinol yng Nghastell-nedd ym mis Mehefin 1910 yn gofyn am sefydlu pwyllgor parhaol dan nawdd y Cyfundeb i barhau'r gwaith o'u hastudio. Penodwyd D. E. Jenkins, gweinidog o Ddinbych ac awdur cofiant i Thomas Charles o'r Bala, i fraenaru'r tir ac, yng ngeiriau R. T. Jenkins, daeth ef ym 1911 'yn fath o chwilotwr swyddogol i'w gyfundeb, a [dechrau] ar y gwaith o gopïo a chyhoeddi llythyrau a dyddlyfrau Trefeca'. Fel 'arbrawf' y gwnaethpwyd hyn, ond wrth i'r blynyddoedd fynd rhagddynt ac er bod Jenkins wedi llwyddo i gopïo dyddiaduron Lladin Harris ac amryw ddogfennau eraill, sylweddolwyd nad oedd hon yn dasg y gellid ei chyflawni yn gyflym. Dechreuodd rhai awgrymu na ellid cyfiawnhau gwario ar y fath raddfa ar brosiect a fyddai'n hawlio cymaint o amser i'w gwblhau, ac yng Nghymanfa Gyffredinol Abergwaun ym 1913 dywedwyd yn adroddiad Pwyllgor Llawysgrifau Trefeca fod y Pwyllgor Ariannol 'yn gofyn a allem drefnu llwybr llai costus o ddwyn ein gwaith ymlaen'. Oherwydd hyn, meddai'r Adroddiad:

> Gwnaed ymholiadau i daliadau'r Amgueddfa Brydeinig am gopïo llawysgrifau tebyg, ac yn ôl y pris hwnnw, fel yn ôl ein trefniant cyntaf ninnau, gwelwyd y cymerai ddeng mlynedd o leiaf i orffen y gwaith, ac y gwerid erbyn hynny tros £1500 i gael ond cynnwys hanesyddol Llawysgrifau Trevecka yn barod i'w cyhoeddi. Barnwyd yn ddoeth felly roddi terfyn ar ein cytundeb presennol

ynglŷn â chyflog a gwaith Mr [D. E.] Jenkins, a rhoddi gwybod i'r Gymanfa mai ein dyfarniad, wedi'r arbrawf, yw y golyga ormod o draul ariannol i gopïo a chyhoeddi yr *oll* o Lawysgrifau Trevecka fel y gobeithiem allu gwneud ar y cychwyn.

Y 'llwybr llai costus' a fabwysiadwyd gan y Pwyllgor oedd sefydlu Cymdeithas Hanes. Awgrymwyd yng Nghymanfa Abergwaun mai dyma fyddai'r ffordd orau o symud ymlaen ac, wedi cael sêl bendith y Cyfundeb a gwneud y trefniadau angenrheidiol mewn amrywiol gyfarfodydd yn ystod y flwyddyn, penderfynwyd ei sefydlu yn y Gymanfa Gyffredinol a oedd i'w chynnal yn Bootle ym 1914. Prif nod y Gymdeithas fyddai 'hyrwyddo astudiaeth o'r hanes a'r llenyddiaeth a berthyn i Fethodistiaid Calfinaidd', ac er mwyn cyflawni'r diben hwnnw rhaid fyddai cyhoeddi cylchgrawn. Gwaetha'r modd, teimlai D. E. Jenkins fod Pwyllgor y Llawysgrifau wedi bod yn llai nag anrhydeddus yn eu hymwneud ag ef, ac oherwydd hynny ymddengys iddo ddigio a gwrthod trosglwyddo'r copïau yr oedd wedi eu gwneud o lawysgrifau Trefeca i swyddogion y Gymdeithas newydd. Daliodd ei afael hefyd ar y llawysgrifau gwreiddiol a oedd yn digwydd bod yn ei feddiant pan ddaethpwyd i'r penderfyniad nad oedd angen ei wasanaeth mwyach.

O ganlyniad, cafwyd peth oedi cyn cyhoeddi rhifyn cyntaf y cylchgrawn, ond yng Nghymanfa Gyffredinol Bae Colwyn ym 1916 dywedwyd bod Pwyllgor y Llawysgrifau o'r farn 'mai nid doeth na theg oedd oedi cychwyn cyhoeddi'r Cylchgrawn yn hwy, er fod y MSS. yn Ninbych a ffrwyth llafur [y] blynyddoedd cyntaf yng ngofal Mr Jenkins'. Aethpwyd ymlaen, felly, â'r gwaith paratoi er gwaethaf yr anghydfod, a chyhoeddwyd rhifyn cyntaf *Cylchgrawn Cymdeithas Hanes y Methodistiaid Calfinaidd* ym mis Mawrth 1916. Wrth ei gyflwyno i'r darllenwyr, meddai John Morgan Jones, Llywydd y Gymdeithas, yn hyderus:

Disgwylir y cychwynna Cymdeithas a chylchgrawn safonol o fath hwn gyfnod newydd yn hanes ein Cyfundeb, ac y rhydd y ffeithiau a gyhoeddir ynddo o'r ffynonellau gwreiddiol a goreu yn unig gryn gymorth i hanesydd pob eglwys a Dosbarth.

Er gwaethaf y nodyn gobeithiol hwn, dal i rygnu ymlaen a wnâi'r anghydfod â D. E. Jenkins. Dal i rygnu ymlaen hefyd yr oedd y Rhyfel Mawr, a dyna paham na chynhaliwyd y cymanfaoedd arferol gan y Methodistiaid Calfinaidd ym 1917 a 1918. Pan ddaeth heddwch, esboniwyd yng Nghymanfa Treorci (1919) sut y daeth yr anghytundeb â Jenkins i ben. Meddai M. H. Jones yn ei adroddiad fel Ysgrifennydd:

> Wedi adeg Cymanfa Gyffredinol Colwyn Bay (Mai 1916) ni chynhaliwyd ond un Pwyllgor, sef yr un yn yr Amwythig (Ion. 1917) pryd y terfynwyd yn foddhaol yr annealltwriaeth a fu rhwng y Parch D. E. Jenkins a gweddill aelodau'r Pwyllgor, ac y cawd yr holl lawysgrifau yn ôl i Drevecka.

Yn sgil yr astudiaeth a wnaethai Jenkins o'r llawysgrifau, credai John Morgan Jones fod tri pheth wedi dod yn amlwg, a chyfeiriodd atynt yn y rhifyn cyntaf o'r cylchgrawn. Yn gyntaf, meddai, byddai'n rhaid derbyn nad oedd yn ymarferol ceisio copïo'r cyfan o'r llawysgrifau cyn mynd ati i gyhoeddi darnau neu enghreifftiau ohonynt. Byddai ceisio gorffen y dasg o gopïo cyn cyhoeddi dim yn golygu na fyddai ffrwyth llafur y copïwr nac elw o unrhyw fuddsoddiad ariannol a wnaed yn y prosiect i'w gweld am flynyddoedd lawer. Rhaid, felly, fyddai cyhoeddi cynnwys y llawysgrifau wrth i'r gwaith copïo fynd rhagddo.

Yn ail, credai fod gwaith Jenkins wedi dangos nad oedd angen 'cyhoeddi'r llawysgrifau yn eu cyfanrwydd, oherwydd ailadroddiad o weddïau, pregethau a chyffesiadau personol' oedd y dyddiaduron 'gan mwyaf', a phrin y byddai llawer o bobl yn awyddus i ddarllen pethau felly air am air. Yr hyn oedd ei angen, yn ôl John Morgan Jones, oedd ffeithiau ac ychydig enghreifftiau, ond cydnabyddai y gallai hynny arwain at broblem. Dyna paham y nodwyd, yn drydydd, nad oedd cynnwys y llawysgrifau i'w llurgunio mewn unrhyw ffordd gan na chopïwr na golygydd; yr oedd aelodau'r Pwyllgor yn unfarn, meddai, 'nad oedd dim o werth hanesyddol i'w adael heibio eithr yn hytrach i'w gyhoeddi yn llythrennol fel y ceir ef yn y Llawysgrifau'.

Y gwir yw fod aelodau'r Pwyllgor erbyn hynny wedi sylweddoli maint y dasg a oedd yn eu hwynebu, a'u bod wedi eu harswydo. Yr oedd gwres y brwdfrydedd cyntaf wedi oeri erbyn hyn, ac yng ngoleuni'r trannoeth a oedd wedi gwawrio sylweddolwyd bod y llwybr o'u blaen yn llawn peryglon ac anawsterau. Nid diffyg menter nac amharodrwydd i ganiatáu i gynnwys y llawysgrifau ddod yn wybodaeth gyhoeddus a oedd wedi achosi hyn; y gwir amdani oedd fod arweinwyr yr Hen Gorff, o weld y llawysgrifau, wedi cael eu gorfodi i gydnabod na fyddai'n bosibl, gyda'r dechnoleg amrwd a oedd yn perthyn i'r cyfnod hwnnw, wireddu'r freuddwyd o gyhoeddi casgliad llawysgrifau Trefeca heb i o leiaf un o dri pheth ddigwydd. Naill ai byddai'n rhaid dod o hyd i unigolyn a fyddai'n barod i gysegru ei oes i gopïo'r dogfennau, neu byddai'n rhaid dod o hyd i gylch o bobl a fyddai'n meddu ar y gallu a'r amser i ymgymryd â'r gwaith a'u perswadio i fwrw ati. Y trydydd posibilrwydd oedd dod o hyd i nawdd ariannol sylweddol a fyddai'n caniatáu i'r Cyfundeb gyflogi pobl i ymgymryd â'r gwaith dros gyfnod estynedig.

Ym 1914–19 ni allai'r Methodistiaid wneud yr un o'r pethau hyn, ac felly, wedi cyhoeddi dim mwy na detholiad byr o'r hyn a gopïwyd gan D. E. Jenkins o ddyddiaduron cynnar Harris yn atodiad cyntaf y cylchgrawn hanes ym mis Mehefin 1917, cydnabuwyd na fyddai'n bosibl parhau â'r gwaith o geisio cyhoeddi'r dyddiaduron yn eu cyfanrwydd. Pylodd y weledigaeth, a symudwyd y diddordeb yn y rhan arbennig hon o gasgliad Trefeca, am y tro, i gyrion gweithgareddau'r Gymdeithas.

Eto i gyd, ni olygai hynny fod y weledigaeth wedi diflannu'n llwyr. Daliai unigolion i ymgodymu â llawysgrifen anodd Harris, a phan ymddangosodd cyfrol Richard Bennett, *Methodistiaeth Trefaldwyn Uchaf*, ym 1929, gwelwyd ei fod wedi gwneud defnydd helaeth o'r dyddiaduron wrth ei pharatoi. Gwnaeth John Thickens, yntau, astudiaeth fanwl o ddyddiaduron 1739-40 wrth baratoi ei Ddarlith Davies ar gyfer y flwyddyn 1934, a phan gyhoeddodd ei gyfrol, *Howel Harris yn Llundain*, ym 1938, rhoes gyfle i'w ddarllenwyr i durio yn ddyfnach nag erioed o'r blaen i feddwl y diwygiwr. Er y beirniadu a fu arno yn ddiweddarach, gwnaeth Tom Beynon, yntau, gyfraniad gwerthfawr trwy gyhoeddi pytiau o'r dyddiaduron yn ei dair cyfrol, *Howell Harris, Reformer and Soldier* (1958), *Howell Harris's Visits to London* (1960) a *Howell Harris's Visits to Pembrokeshire* (1966), a chyfrannodd Geoffrey F. Nuttall at gadw'r fflam ynghynn drwy gyhoeddi ei gyfrol dreiddgar *Howel Harris: The Last Enthusiast* ym 1965. Ond Gomer M. Roberts, yn anad neb, a roes fynegiant i obaith amryw oddi mewn ac oddi allan i Eglwys Bresbyteraidd Cymru pan ddywedodd ar derfyn darlith i'r Gymdeithas Hanes yng Nghymanfa Gyffredinol Abertawe ym 1964 mai da o beth fyddai gweld y dyddiaduron wedi eu cyhoeddi yn gyfan erbyn y flwyddyn 2000. Ni chafodd ei ddymuniad, ond erys gobaith o hyd mewn rhai cylchoedd y gwelir cyhoeddi argraffiad safonol o ddyddiaduron Howell Harris.

Arall oedd hanes y diddordeb yn y llythyrau. Tra oedd D. E. Jenkins yn gweithio ar y dyddiaduron, yr ohebiaeth rhwng amrywiol bobl o gyfnod y diwygiad a aeth â bryd M. H. Jones. Yn yr amser byr y bu ef yn athro yn Nhrefeca (1906-9), fe'i meddiannwyd gan ysfa i'w hastudio, ac er iddo wedyn symud i fod â gofal eglwys yn Nhonpentre yn y Rhondda ni wnaeth hynny ddim i oeri ei frwdfrydedd.

Prin fod ei sefyllfa yn un ddelfrydol. Yn sgil y ffrae â D. E. Jenkins yr oedd cwlwm o dri golygydd wedi ysgwyddo'r cyfrifoldeb o gyhoeddi cylchgrawn y Gymdeithas Hanes, ac yr oedd pob un ohonynt yn byw bellter o Drefeca. Y teimlad ymhlith y Pwyllgor oedd y gallent o dro i dro, heb sylweddoli hynny, dynnu'n groes i'w gilydd, a byddai hynny, meddid, yn andwyol i'r cylchgrawn. Yng Nghymanfa Lerpwl ym 1920, felly, penderfynwyd ceisio hwyluso'r trefniadau trwy fynnu mai dim ond un golygydd a ddylai fod ynglŷn â'r gwaith. Yn ychwanegol, awgrymwyd i Gymdeithasfa'r De, perchenogion Llawysgrifau Trefeca, y dylid caniatáu 'i'r Gist haearn a'r MSS. sydd yn awr yn Nhrevecka gael eu symud i'r lle diogelaf ellir ei sicrhau yn ymyl cartre'r golygydd hwnnw'. Ychwanegwyd wedyn at y cofnod fod cais 'i Ysgrifennydd Pwyllgor MSS Trevecka weithredu fel y prif olygydd o hyn allan'. M. H. Jones, wrth gwrs, oedd yr Ysgrifennydd hwnnw, ac felly:

> ar awgrym y Gymanfa a chaniatâd Sasiwn y De (Ebbw Vale, Mehefin, 1920) cafodd Golygydd y Cylchgrawn Hanes hawl i symud y gist haearn a'r holl lawysgrifau ynddi o Drefecca i le cyfleus a diogel yn ymyl ei gartref. Gwnaed y trosglwyddiad yn Ionawr 1921.

Cyn bod llwch wedi cael cyfle i setlo ar y llawysgrifau yn eu cartref newydd yn y Rhondda, bu'n rhaid eu symud unwaith eto. Derbyniodd M. H. Jones alwad i sir Aberteifi, a phan wahoddwyd ef i gymryd ei le i draddodi Darlith Davies yng Nghymanfa Gyffredinol Caerdydd ym mis Mehefin 1922, fel M. H. Jones, Pen-llwyn, Aberystwyth, y cyflwynwyd ef i'r gynulleidfa. 'Llythyrau Trefeca fel ffynhonnell gwybodaeth am darddiad a thwf Methodistiaeth yng Nghymru' oedd ei destun, ac er bod amodau Ymddiriedolaeth y Ddarlith yn nodi'n bendant y dylid

14   Morgan Hugh Jones (1873–1930), gweinidog gyda'r Methodistiaid Calfinaidd a golygydd *Cylchgrawn* y Gymdeithas Hanes rhwng 1920 a 1930.

15 Gomer M. Roberts (1904–93), prif hanesydd Methodistiaeth Calfinaidd Cymru.

cyhoeddi'r gwaith ymhen blwyddyn i'w draddodi, ymddengys i ddarlithydd y flwyddyn honno gael caniatâd arbennig gan Ysgrifennydd yr Ymddiriedolaeth i gwblhau ei ymchwil cyn mentro i'r wasg.

Ac yntau'n paratoi traethawd academaidd fel ymgeisydd am radd uwch, yr oedd yn rhaid i Jones ei gyflwyno cyn y gellid ei gyhoeddi. Ond pan oedd y gwaith ar fin cael ei gwblhau, cafwyd argyfwng nid bychan i aflonyddu ar ei gynllun; yn annisgwyl ymddangosodd 128 o lythyrau ychwanegol o gasgliad preifat yng ngogledd Cymru. Wedi oriau meithion o waith caled, cyflwynodd M. H. Jones ffrwyth ei lafur, gydag atodiad yn nodi'r ychwanegiadau ym 1929. Dyfarnwyd bod y gwaith a oedd yn dwyn y teitl, 'The Origin and Growth of the Methodist Movement in Wales in the eighteenth century, in the light of the unpublished MSS. correspondence of Howell Harris at Trevecka', yn deilwng o radd doethur Prifysgol Cymru, ac aethpwyd ati ar unwaith i'w baratoi ar gyfer ei gyhoeddi. Gwaetha'r modd, ni welodd yr awdur ei waith rhwng cloriau. Bu farw yn annisgwyl ar 5 Mai 1930 a chwblhawyd y gwaith o baratoi'r llyfr gan R. T. Jenkins a'i gyhoeddi ym 1932 dan y teitl syml, *The Trevecka Letters*.

Tua'r un pryd ag y cyrhaeddodd Llawysgrifau Trefeca Aberystwyth ynghyd â dodrefn M. H. Jones, penderfynwyd sefydlu creirfa i'r Cyfundeb yno hefyd. Gwnaethpwyd apêl ar i'r ffyddloniaid ledled y wlad a thrwy Brydain chwilio yn eu seleri a'u nenlofftydd am greiriau a oedd yn ymwneud â hanes y Methodistiaid Calfinaidd. Wedi marwolaeth annhymig M. H. Jones, cytunodd Tom Beynon, gweinidog Horeb a Gosen ger Aberystwyth, i ysgwyddo'r cyfrifoldeb am y gwaith ac i roi trefn ar yr hyn y byddai'r Cyfundeb yn ei dderbyn. Anfonwyd ato wrthrychau a dogfennau o bob math ac o bob cyfeiriad, a thrwy hynny llwyddwyd i sefydlu traddodiad newydd a oedd yn gweld Aberystwyth, cartref y Coleg Diwinyddol Unedig, fel y ganolfan i greiriau hanesyddol yr enwad. Gan fod Llyfrgell Genedlaethol Cymru wedi ei sefydlu trwy siarter yn y dref ym 1907, ac adeilad urddasol wedi dechrau cael ei adeiladu ym 1911, mater o amser ydoedd nes y byddai rhywun yn awgrymu y dylid ymddiried creiriau'r Methodistiaid Calfinaidd ac Eglwys Bresbyteraidd Cymru i ofal y sefydliad hwnnw. Ac felly, yn wir, y bu. Ym 1934 cafwyd cytundeb rhwng Eglwys Bresbyteraidd Cymru a'r Llyfrgell Genedlaethol ynglŷn ag adneuo'r deunydd, a daethpwyd â dau gasgliad at ei gilydd i fod yn sylfaen i'r archif newydd. Daeth y naill, yr oedd mwyafrif ei ddogfennau yn perthyn i'r ddeunawfed ganrif, o Drefeca, a'r llall, yr oedd mwyafrif ei ddogfennau yn perthyn i'r bedwaredd ganrif ar bymtheg, o Goleg Y Bala. Ac yn y Llyfrgell Genedlaethol y diogelwyd y deunydd gwerthfawr hwn hyd heddiw.

Trwy drugaredd, nid llithro i ebargofiant a wnaeth y papurau pan aethpwyd â hwy i grombil y Llyfrgell. Yn ystod ail hanner y 1930au, bu un o staff Adran y Llawysgrifau, sef Miss K. Monica Davies, merch y Parchedig Edward Owen Davies, Bangor, yn diwyd gopïo amryw o'r llythyrau er mwyn eu cyhoeddi yn y cylchgrawn hanes, ond bu'n rhaid iddi roi'r gorau i'r gwaith pan ddaeth yr Ail Ryfel Byd. Bu'n rhaid aros am wyth mlynedd, ac i heddwch gael ei adfer ar gyfandir Ewrop, cyn y datblygiad nesaf. Penderfynodd Tom Beynon, a fuasai'n olygydd y cylchgrawn hanes ers tair blynedd ar ddeg, fod yr amser wedi dod iddo ildio'r awenau i eraill. Penodwyd Gomer M. Roberts, gweinidog Pont-rhyd-y-fen, yn olynydd iddo oherwydd, yn ôl Beynon yn ei neges ffarwél i ddarllenwyr y cylchgrawn, yr oedd ef wedi dangos diddordeb a brwdfrydedd bob amser wrth ymwneud â gweithgareddau'r Gymdeithas. At hynny, yr oedd ganddo feddwl effro ac awch gwirioneddol am 'hanes'. A gwir a ddywedodd. Ymhen byr amser daeth yn amlwg i bawb fod Gomer M. Roberts yn ŵr a yrrid gan ddyheadau anrhydeddus, a'r pennaf o'r rheini oedd cwblhau un dasg arbennig, sef cyhoeddi Llythyrau Trefeca.

Pan ddechreuodd ar ei waith ym 1948, yr oedd 287 o'r llythyrau wedi gweld golau dydd, y cyfan ohonynt wedi eu copïo gan D. E. Jenkins, Richard Bennett a Monica Davies a'u cyhoeddi mewn deg atodiad i'r cylchgrawn. Er mwyn nodi bod y gwaith yn dechrau ar gyfnod newydd, lansiodd y golygydd newydd yr hyn a alwodd yn 'Ail Gyfres' y llythyrau, ac ymddangosodd y rhifyn cyntaf, unwaith eto fel atodiad i'r cylchgrawn, ym mis Mehefin 1950. Yn ôl y rhagair, gobaith y golygydd oedd y byddai sefyllfa ariannol y Gymdeithas Hanes yn caniatáu iddo gyhoeddi atodiad blynyddol, a dywedodd na ddylai'r Gymdeithas orffwys hyd nes y cyhoeddid yr holl lythyrau. Ond er gwaethaf pob ymdrech, ni lwyddodd i gynhyrchu atodiad blynyddol; rhwng 1950 a 1974 ymddangosodd deuddeg atodiad, ac erbyn cyhoeddi'r olaf yr oedd cynnwys 691 o'r llythyrau wedi eu dwyn i olau dydd.

Ni chafwyd atodiad arall ar ôl 1974, ond yr oedd datblygiad arall ar fin digwydd. Er pan gychwynnwyd y cylchgrawn, yr oedd pob cyfrol yn ei thro wedi cynnwys mwy nag un rhifyn. Ym 1977, a thrigain o gyfrolau wedi eu cyhoeddi, daeth y drefn honno i ben, a dim ond un rhifyn a gyhoeddwyd yn flynyddol wedi hynny. Arhosodd Gomer M. Roberts wrth y llyw hyd nes i'r newid hwnnw ddigwydd, ac yna, ym 1978, fe'i holynwyd gan y golygydd presennol, y Parchedig J. E. Wynne Davies, Aberystwyth.

Dim ond pum golygydd, felly, a fu gan y cylchgrawn hanes rhwng cyfnod y panel golygyddol a sefydlwyd ym 1916 a diwedd yr ugeinfed ganrif. Bu M. H. Jones wrth y gwaith rhwng 1920 a 1930, D. D. Williams, Lerpwl, rhwng 1930 a'i ymddiswyddiad anorfod oherwydd cyflwr ei iechyd ym 1934, Tom Beynon rhwng 1934 a 1947, Gomer M. Roberts rhwng 1948 a 1977, a J. E. Wynne Davies rhwng 1978 a 2000.

O droi oddi wrth hanes y papurau, a'r gwaith casglu a golygu a wnaethpwyd arnynt, at eu cynnwys, rhaid cyfaddef mai tasg anodd yw ceisio cyfleu natur ac awyrgylch y

16   Y cofnod cyntaf, dyddiedig 25 Mai 1735,
     yn nyddiadur Howell Harris.

dyddiaduron. Yr unig ffordd i'w gwerthfawrogi yn llawn yw trwy eu darllen. Y mae cynifer â 284 ohonynt, pob un bron wedi ei ysgrifennu mewn llyfrynnau sy'n mesur tua thair modfedd a hanner wrth chwech, neu bum modfedd wrth wyth. Fel y nodwyd eisoes, ysgrifennodd Harris y cyntaf ohonynt ym 1735, a glynodd wrth y ddisgyblaeth hyd flwyddyn ei farwolaeth, sef 1773. Wrth reswm, ceir rhai bylchau yma a thraw yn y casgliad, ond at ei gilydd y mae'n gofnod pur lawn o'i fywyd a'i waith.

Gwaetha'r modd, wrth gyfansoddi ni osodai Harris ofod rhwng yr hyn a ysgrifennai ac ymyl y ddalen, ac o ganlyniad y mae geiriau olaf amryw o'r llincllau, ynghyd â llinellau cyntaf ac olaf rhai tudalennau, yn anodd i'w darllen. Er hynny, y mae'r rhan helaethaf o'r hyn a gofnodwyd ganddo wedi ei gadw'n ddiogel, er nad ydyw'n hawdd i'w ddarllen. Ym 1730 fe'i hanogwyd gan ei frawd Joseph i geisio gwella ei lawysgrifen, a siom o'r mwyaf yw canfod na fu iddo wrando ar ei gyngor. Bychan a blêr yw ei lythrennu, a chymhlethir y proses o adysgrifio gan y defnydd cyson a wnâi o dalfyriadau.

Gwelir hynodion eraill hefyd yn y dyddiadur. Er enghraifft, yn y llyfrynnau cynharaf defnyddiai Harris symbolau annealladwy o dro i dro, a gosod patrymau artistig yma a thraw yng nghanol yr ysgrifen. Ni ellir ond dyfalu ynghylch arwyddocâd y patrymau hyn, ond y mae'n fwy na thebyg mai sgribladau ydynt gan ŵr a oedd yn myfyrio uwchben ei bapur cyn mynd ymlaen i ysgrifennu brawddegau.

Llawer mwy diddorol yw'r ffaith fod Harris, yn ystod un cyfnod yn y 1740au cynnar, wedi mynd ati i ysgrifennu mewn patrymau. Er enghraifft, ar un tudalen dechreuodd Harris ysgrifennu trwy roi pedair neu bum llinell o ysgrifen ar draws top y tudalen. Aeth ymlaen wedyn i ysgrifennu colofn gul o eiriau ar ochr dde'r tudalen hyd nes ei fod wedi cyrraedd y gwaelod. Yna, trodd y dyddiadur ar ei ochr a

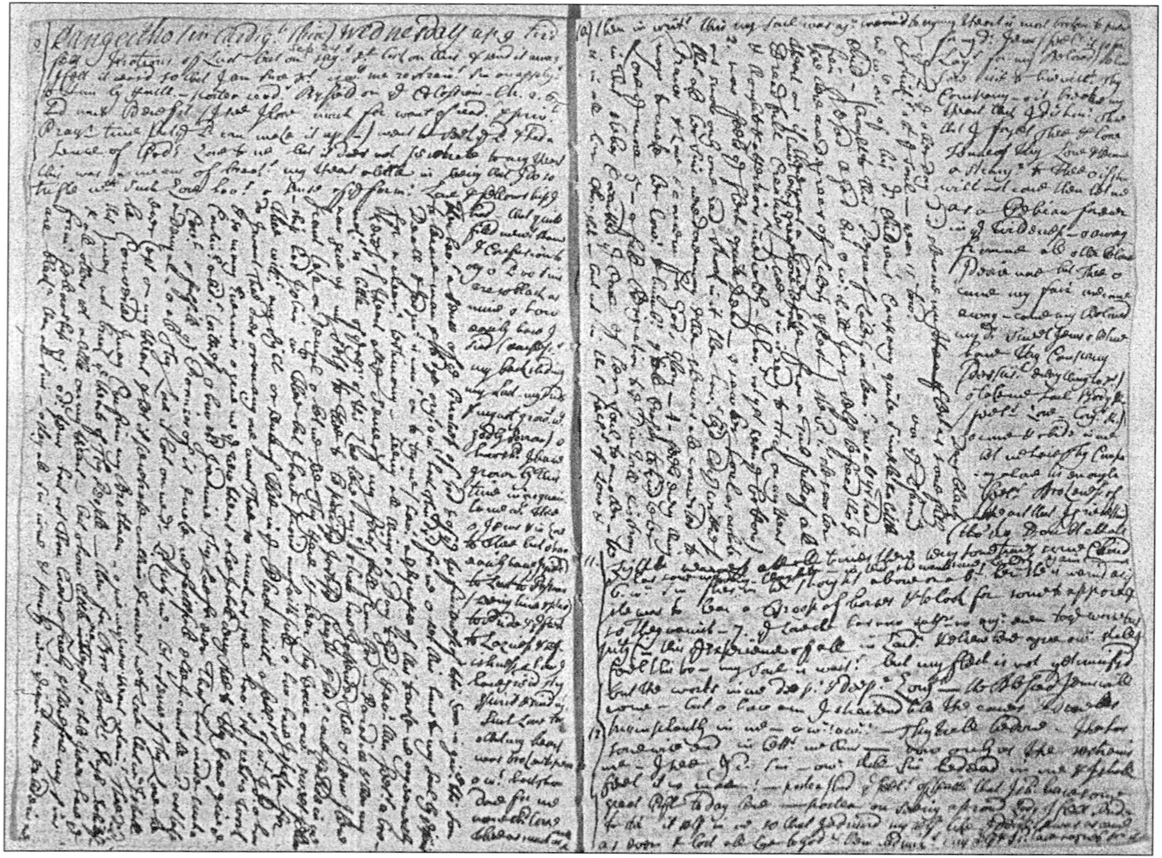

17 Enghraifft o ddull diddorol Howell Harris o ysgrifennu mewn patrymau.

llenwi'r gofod gwag ag ysgrifen a oedd yn mynd i gyfeiriad gwahanol i'r gweddill. Gwelir ei fod wedi rhannu tudalen arall yn bedair, gan lenwi pob chwarter ag ysgrifen a oedd yn mynd i wahanol gyfeiriadau. Ar dudalen arall, creodd ofod ar ffurf diemwnt yn y canol trwy ysgrifennu o'i amgylch. Yna, wedi cyrraedd gwaelod y ddalen, aeth ati i lenwi'r diemwnt cyn mynd ymlaen i'r tudalen nesaf. Y mae'n anodd deall paham y gwnaeth hyn. Y mae'n bosibl ei fod yn credu bod angen gwneud y dyddiadur yn anos i'w ddarllen er mwyn diogelu ei gynnwys, ond, ar y llaw arall, gellid hefyd ddadlau y byddai gweld patrymau yn y dyddiadur yn peri ei fod yn fwy diddorol i'r sawl a oedd yn ddigon chwilfrydig i ddarllen ei gynnwys.

Lluniai Harris gofnod yn ei ddyddiadur fwy nag unwaith beunydd. Nodai pryd y byddai'n codi, ac yna ysgrifennai grynodeb o'i weddi ar y bore arbennig hwnnw. Âi ymlaen wedyn i adrodd hanes unrhyw daith y digwyddai fod arni, gan nodi enwau'r lleoedd y byddai'n ymweld â hwy a'r bobl y deuai ar eu traws. Cofnodai ei bregethau yn llawn, hyd yn oed os oedd eisoes wedi cofnodi cynnwys yr un bregeth y diwrnod blaenorol, ac yn aml ceid disgrifiadau ganddo o ymateb gwrandawyr a'i deimladau ef ei hun wedi iddo orffen traethu. Er y byddai'n cyfeirio'n aml at y tywydd, prin yw unrhyw fanylion am ddaearyddiaeth neu dirwedd yr ardaloedd yr âi drwyddynt. Diddordeb mawr Harris oedd gweithgarwch achubol Duw ac, yn ôl ei ddealltwriaeth ef ohono'i hun ac o'r gwaith yr oedd yn ei gyflawni, dim ond llwyfan i hwnnw oedd y greadigaeth. Prin, felly, y gellid disgwyl iddo roi disgrifiad manwl o'r llwyfan; gwell oedd ganddo sôn am y ddrama fawr yr oedd ef nid yn unig yn dyst iddi ond hefyd yn rhan ohoni.

Fel arfer, ysgrifennai Harris nifer o dudalennau bob dydd – pedwar neu bump ar gyfartaledd, ond weithiau cymaint â deg neu ddeuddeg. Ar ddyddiau eraill, yn enwedig pan fyddai amgylchiadau yn mynd yn drech nag ef, byddai'n cofnodi dim mwy na hanner tudalen. Ond beth bynnag fyddai hyd y cofnod, yr hyn a geid bob amser oedd mynegiant o gymhlethdod enaid a meddwl a geisiai ymgodymu, ar y naill law, â byd a oedd yn wrthwynebus i'r Efengyl, ac ar y llaw arall â natur ddynol lygredig a oedd yn cyson filwrio yn erbyn yr hyn yr oedd Duw yn ceisio ei gyflawni ynddo. O ganlyniad, cadwai Harris lygad barcud ar ei ddatblygiad ysbrydol, gan ei ddadansoddi ei hun bron hyd at syrffed. Ond os dyna oedd yn llenwi ei fywyd ar y diwrnod arbennig hwnnw, yr oedd yn naturiol i'r dyddiadur adlewyrchu hynny. Ac y mae, felly, hyd yn oed y darnau mwyaf diflas yn cynnwys chwarel o wybodaeth am Harris a'i gyfnod.

Ychydig o newidiadau a fu yn ei ddull o gofnodi dros y blynyddoedd. Yn naturiol, fe'i mynegai ei hun yn y dyddiaduron diweddarach yn fwy llithrig nag yn y rhai cynharaf; y mae hynny i'w ddisgwyl, ond yr un yw'r manylder a'r gonestrwydd a welir ynddynt i gyd. Cafwyd y newid mwyaf ym 1752 yn sgil ymddeoliad Harris i Drefeca wedi'r Ymraniad a marwolaeth Sidney Griffith, y broffwydes o Gefnamwlch yn Llŷn. Ym mis Gorffennaf 1752 dechreuodd Harris gofnodi yr hyn a alwai yn 'Arsylwadau Ysbrydol' (Spiritual Observations) mewn llyfrynnau a gadwai ochr yn ochr â'r dyddiaduron. Mewn gwirionedd, datblygiad naturiol oedd hwn yn hanes gŵr a fuasai cyn hynny yng nghanol holl fwrlwm gwaith cyhoeddus y diwygiad ac a oedd bellach wedi ymneilltuo i dawelwch a llonyddwch ei gartref. Gan nad oedd yn awr gymaint o bethau allanol i'w cofnodi, rhaid oedd datblygu ymhellach y wedd fewnol os oedd am barhau i ysgrifennu. Trwy wneud hyn sicrhaodd fod modd i'r cenedlaethau a oedd i ddod durio yn ddyfnach i'w feddwl. Yr oedd fel petai'n herio y rhai a ddeuai ar ei ôl i'w ddeall a'i esbonio.

Trown yn awr at y llythyrau. O edrych ar y rhai sydd wedi eu rhestru yng nghyfrol M. H. Jones, *The Trevecka Letters* (1932), gan gynnwys y rhai sy'n rhannu rhif gyda llythyr arall, ond gydag 'a' neu 'b' fel diweddiad, gwelir bod 2,738 ohonynt yn perthyn i'r cyfnod y bu Harris yn byw ynddo, sef rhwng 1714 a 1773. Wedi cyhoeddi'r gyfrol, daeth ychwaneg o lawysgrifau i'r golwg, yn eu plith 57 o lythyrau a oedd hefyd yn perthyn i gyfnod bywyd Harris. Golygai hynny fod 2,795 o lythyrau wedi goroesi, y cyfan naill ai wedi eu dyddio yn fanwl neu yn rhai y gellid, ar sail rhyw fath o dystiolaeth, eu priodoli i flwyddyn arbennig. Ond o'r cyfanswm hwn, y mae 393 o lythyrau nas anfonwyd gan Howell Harris na'u derbyn ganddo. Yn y brif restr, felly, ceir 2,402 o ddogfennau sy'n uniongyrchol gysylltiedig ag ef.

Ceir hefyd rai llythyrau na ellir eu dyddio, ac y mae 100 ohonynt yn y casgliad. Y mae 30 o'r rhain heb eu derbyn na'u hanfon gan Harris. Felly, drwy ychwanegu'r 70 llythyr sy'n weddill at y prif gasgliad, gwelir ei bod yn bosibl cysylltu cyfanswm o 2,472 o lythyrau ag enw Harris. Y mae'r cyfanswm hwn yn ffurfio 85 y cant o'r holl lythyrau sy'n perthyn i gyfnod Harris ac sydd ar gadw yng nghasgliad Llawysgrifau Trefeca.

O ystyried y llythyrau hyn, a diystyru'r rhai na ellir eu cysylltu yn uniongyrchol â Harris, gwelir bod 53 y cant (1,316) ohonynt wedi eu derbyn gan Harris, a 47 y cant (1,156) wedi eu hanfon ganddo. Dim ond 8 y cant (195) sy'n llythyrau rhwng Harris a'i frodyr a'i rieni, a 6 y cant (148) yn ohebiaeth rhwng Harris a'i wraig. Y mae'r gweddill yn gynnyrch y gweithgarwch a gafwyd yn ystod cyfnod y diwygiad ac oherwydd hynny prin fod angen dweud eu bod yn ffynhonnell hanesyddol o bwys.

Cyn mentro ymhellach i ddadansoddi'r casgliad, dylid esbonio pa egwyddorion a fabwysiadwyd wrth ddidoli'r llythyrau a chynhyrchu'r ystadegau sy'n dilyn. Lle bynnag yr awgrymwyd yng nghatalogau'r Llyfrgell Genedlaethol y *gallai* llythyr fod wedi ei anfon at Harris neu ei dderbyn ganddo, derbyniwyd mai felly y bu. Lle'r oedd mwy nag un awdur i lythyr, rhifwyd y llythyr hwnnw yn gynnyrch y person cyntaf ar y rhestr. Pan ysgrifennai Harris at fwy nag un person gweithredwyd yn yr un modd, gan gymryd mai at y cyntaf o'r derbynwyr yr oedd yn ysgrifennu, boed wryw neu fenyw. Rhifwyd y llythyrau a oedd yn amlwg wedi eu hanfon at barau priod ar wahân. Pan ysgrifennai Harris at seiat neu sasiwn, cymerwyd bod enw'r derbynnydd yn anhysbys.

Wrth reswm, gwyddom nad yw pob llythyr a anfonodd neu a dderbyniodd Harris wedi goroesi, ac nad yw pob un sydd wedi goroesi yn rhan o Gasgliad Trefeca, ond at bwrpas yr ysgrif hon, ac er mwyn osgoi ailadrodd, dylid nodi mai Casgliad Trefeca, fel y'i rhestrir yng nghyfrol M. H. Jones (*The Trevecka Letters*, 1932) ac yng nghatalogau Llyfrgell Genedlaethol Cymru ym mis Ionawr 2000, yw'r deunydd a ddefnyddiwyd yn sylfaen i'r arolwg hwn. Gan ei fod yn gasgliad mor sylweddol, y mae'n bosibl fod ei gynnwys yn adlewyrchu tueddiadau a nodweddion ehangach, ond cydnabyddir, serch hynny, nad yw'n ddarlun cyflawn o'r cyfnod nac o weithgarwch Howell Harris fel unigolyn.

Wedi dweud hynny, ac er gwaethaf y bylchau sydd yn y

18   Llun o Goleg Trefeca ym 1768.

casgliad, gellir gweld o hyd lanw a thrai y diwygiad ym mywyd Harris trwy'r ohebiaeth rhyngddo ef a'i gyfoedion. Hyd at 1735 llythyrau teuluol yn unig a geir yn y casgliad, ond wedi i'r diwygiad gychwyn agorwyd y fflodiart i'r llifeiriant geiriau a fyddai'n nodweddu bywyd Harris. Ym 1735-7 araf oedd y llythyru oherwydd nad oedd y diwygiad wedi magu gwreiddiau, ond wedi i hyn ddigwydd ac i Harris ddod i gysylltiad â'r diwygwyr yn Lloegr, ceir rhywbeth tebyg i ffrwydrad yn nifer y dogfennau a fyddai'n cyrraedd ac yn gadael Trefeca.

Dim ond un y cant neu lai o'r ohebiaeth gyfan a gafwyd yn flynyddol yn nhair blynedd gyntaf y diwygiad, ond wedi hynny cynyddai'r llythyru yn gyflym nes cyrraedd uchafbwynt ym 1742, pryd yr aeth 12.3 y cant (305 o lythyrau) o'r holl lythyrau yn y casgliad y gellir eu cysylltu â Harris trwy ei ddwylo. Erbyn 1746, pryd yr oedd agwedd Harris at y dychweledigion yn dechrau caledu oherwydd eu diffyg disgyblaeth, gwelir bod y ganran wedi disgyn i 6 y cant (149), ac wrth i'r blynyddoedd fynd rhagddynt ac i Fethodistiaeth Gymreig ddirywio, dal i ostwng a wnâi hyd nes cyrraedd 0.5 y cant (14) ym 1752, blwyddyn ymddeoliad Harris o'r gwaith cyhoeddus.

Ac yntau'n byw yn Nhrefeca ac yn sefydlu'r Teulu, yr oedd canran y gohebu oddeutu un y cant bob blwyddyn, ond erbyn diwedd y 1750au cafwyd cynnydd eto wrth i Harris ymuno â'r milisia a gadael Trefeca i arwain ei lu arfog. Cafwyd 0.7 y cant (18 llythyr) o'r ohebiaeth ym 1759, a 2.02 y cant (50) ym 1760. Ym 1761 cafwyd 3.2 y cant (79) a 4.8 y cant (119) ym 1762. Yna, wedi i Harris ddiosg ei lifrai milwrol a dychwelyd i sir Frycheiniog i ffermio ac arwain ei gymuned, peidiodd y llythyru. Ym 1763 yr oedd y ganran cyn lleied â 0.7 y cant (18 llythyr). Felly y bu am weddill oes Harris ond, yn ddiddorol iawn, cynyddodd y ganran i 1.01 y cant (25 llythyr) ym 1772, blwyddyn wedi iddo gladdu ei wraig a blwyddyn cyn ei farwolaeth ef ei hun.

Gan fod yr Ymraniad Mawr wedi digwydd rhwng 'Pobl Harris' a 'Phobl Rowland' ym 1750, buddiol fyddai trafod natur a maint y gohebu o boptu'r ffin honno. At bwrpas y dadansoddiad hwn ni ellir, wrth reswm, ond defnyddio'r llythyrau y mae dyddiad iddynt, sef 2,402 o'r cyfanswm. Gan i Harris dderbyn ei lythyr cyntaf yn y casgliad ym 1732, gellir dweud ei fod rhwng hynny a diwedd 1750 wedi trafod 1,714 o lythyrau; derbyniodd 867 (36 y cant o'r 2,402) ac anfonodd 847 (35 y cant). Yn y cyfnod rhwng dechrau 1751 a'i farwolaeth ym 1773 derbyniodd 396 (16.5 y cant o'r 2,402) ac anfonodd 292 (12.5 y cant). Os yw nifer y llythyrau sydd wedi goroesi yn adlewyrchu prysurdeb Harris mewn amrywiol gyfnodau yn ei fywyd (ac y mae lle i gredu eu bod), y maent yn awgrymu mai'r cyfnod rhwng 1735 a 1750 oedd yr 'oes aur' a bod uchafbwynt wedi ei gyrraedd ym 1742–3. Dyma'r cyfnod, felly, y disgwylid gweld Harris yn dylanwadu drymaf ar y datblygiadau, ac y mae'n werth nodi mai dyma'r cyfnod pan sefydlwyd trefn y mudiad Methodistaidd a chynnull y sasiynau, gwaith y bu Harris yn ddiwyd iawn ynglŷn ag ef.

O ran y rhai y gohebai Harris â hwy, ni ellir hyd yma wneud unrhyw ddadansoddiad daearyddol a fyddai'n dangos i ba gyfeiriad yr âi ei lythyrau nac o ba gyfeiriad y deuent. Eto i gyd, gan fod gennym gymaint o enwau'r gohebwyr, y mae'n bosibl dadansoddi'r casgliad ar sail rhyw yr anfonydd a'r derbynnydd. Gan ddechrau â'r llythyr cyntaf a dderbyniodd Harris ym 1732, gwelir ei fod wedi hynny wedi derbyn cyfanswm o 997 o lythyrau gan ddynion (40.3 y cant o'r 2,472), a 264 (10.7 y cant) gan ferched. Anfonodd 662 o lythyrau at ddynion (26.8 y cant) a 347 at ferched (14 y cant). Dim ond 9 llythyr (0.4 y cant) yn yr holl gasgliad sy'n ohebiaeth rhwng Harris a pharau priod, ac y mae hynny'n gryn ryfeddod o gofio ein bod yn trafod cyfnod sy'n ymestyn dros ddeugain mlynedd. Oherwydd diffyg gwybodaeth fanwl am y gohebwyr, rhaid derbyn bod 143 o'r llythyrau (5.8 y cant o'r 2,472) wedi eu hanfon at bobl nad yw eu rhyw yn hysbys, a bod awduraeth a rhyw awduron 50 (2 y cant) llythyr arall a dderbyniodd Harris hefyd yn ddirgelwch.

Y mae'r 2,402 o lythyrau sydd â dyddiadau iddynt yn perthyn i wahanol gyfnodau. Fel y nodwyd eisoes, y mae 1,714 ohonynt (71.4 y cant) yn perthyn i'r blynyddoedd rhwng 1732 a 1750: yn y cyfnod hwnnw anfonodd Harris 513 o lythyrau at ddynion (29.9 y cant o'r 1,714), a 248 at ferched (14.4 y cant). Derbyniodd 663 gan ddynion (39 y cant) a 171 (9.9 y cant) gan ferched. Yr oedd chwech (0.3 y cant) o'r naw llythyr yn yr ohebiaeth â pharau priod hefyd yn perthyn i'r cyfnod hwn, ac anfonodd Harris hefyd lythyrau at 83 o bobl anhysbys (4.8 y cant). Derbyniodd lythyr gan 30 anhysbys arall (1.7 y cant).

Llwm oedd pethau wedi'r Ymraniad. Y mae 688 o lythyrau (sef 28.6 y cant o'r 2,402 o lythyrau sydd â dyddiad iddynt) yn perthyn i'r cyfnod hwn. Anfonodd Harris 145 o lythyrau at ddynion (21 y cant o'r 688) a 91 at ferched (13.25 y cant), gan dderbyn 310 (45 y cant) gan ddynion a 70 (10.25 y cant) gan ferched. Gohebodd â thri phâr priod (0.5 y cant) ac â 69 o bobl anhysbys (10 y cant): anfonodd lythyr at 55 ohonynt, a derbyniodd lythyr gan y 14 arall.

Y mae'n bosibl mai cymhlethdodau'r natur ddynol sy'n peri bod rhai yn ymddiddori'n neilltuol ym mherthynas pobl fel Harris â merched. Nodwyd eisoes ei fod dros y blynyddoedd wedi derbyn 264 o lythyrau (10.6 y cant o'r 2,472) oddi wrth ferched a'i fod wedi anfon 347 (14 y cant) atynt. Ond os oes unrhyw arwyddocâd i'w briodoli i'r ffigurau hyn, dylid eithrio mam Harris o'r cyfrif, a hefyd Ann Williams, a ddaeth yn wraig iddo ym mis Mehefin 1744. Y mae llythyrau caru'r ddau yn astudiaeth ynddi ei hun, ac eisoes rhoes Gomer M. Roberts gipolwg inni ar ddatblygiad y berthynas yn ei gyfrol *Portread o Ddiwygiwr* (1969) ac yn yr erthyglau a gyhoeddwyd ganddo yn *Brycheiniog*.

Felly, gan fod Harris wedi derbyn saith llythyr gan ei fam ac wedi anfon 20 ati, ac wedi derbyn 33 gan Ann ac anfon 115 ati, gwelir gostyngiad sylweddol yng nghyfanswm yr ohebiaeth rhwng Harris a merched. Trwy eithrio'r ffigurau hyn o'r cyfansymiau blaenorol, gwelir bod Harris yn awr wedi derbyn llythyrau gan 224 (9.1 y cant o'r 2,472) o ferched ac wedi anfon at 212 (8.6 y cant). Os eithrir hefyd y tri llythyr a anfonwyd at Harris gan ei ferch, ynghyd â llythyrau Hannah Bowen (41) a oedd yn gofalu am Deulu Trefeca yn absenoldeb Harris pan oedd yn gwasanaethu yn y milisia, y mae cyfanswm y rhan hon o ohebiaeth Harris yn gostwng i 207 o lythyrau wedi eu derbyn gan ferched (8.4 y cant o'r 2,472) ac 185 (7.5 y cant) wedi eu hanfon. Gan fod gyrfa gyhoeddus Harris wedi ymestyn dros 38 o flynyddoedd, gwelir bod merched wedi anfon, ar gyfartaledd, 5.5 llythyr ato bob blwyddyn a'i fod yntau wedi ysgrifennu, ar gyfartaledd, 4.9 llythyr y flwyddyn atynt hwy.

Wrth gwrs, gellid dweud mai ymdrech yw hon i guddio ffeithiau drwy raffu ystadegau ac y gellid, o edrych ar wahanol gyfnodau, greu darlun mwy lliwgar. Er mwyn ceisio gwneud hynny, rhaid unwaith eto gyfyngu'r dadansoddiad i'r llythyrau sydd â dyddiadau arnynt, sef cyfanswm o 2,402. Mewn geiriau eraill, gollyngir o'r cyfrif 23 o lythyrau diddyddiad a dderbyniodd Harris gan ferched, 8 o lythyrau diddyddiad a anfonodd atynt hwy, a 39 o lythyrau rhwng Harris a dynion oherwydd nad oes arnynt ddyddiad. Gwelir wedyn iddo dderbyn 241 o lythyrau gan ferched rhwng 1732 a 1773 (10 y cant o'r cyfanswm) a'i fod yntau wedi anfon 339 (14 y cant) llythyr atynt hwy. Ond unwaith eto, go brin fod y llythyrau teuluol, llythyrau Ann Williams na llythyrau Hannah Bowen yn berthnasol, ac wedi eithrio'r rhain o'r cyfrif, gwelir bod Harris, erbyn diwedd 1750, wedi derbyn 147 o lythyrau gan ferched eraill a'i fod ef wedi anfon 136 o lythyrau. Rhwng 1751 a 1773 anfonodd 44 llythyr a derbyniodd 40 llythyr. Golyga hyn, ar

sail yr holl lythyrau yn y casgliad a *anfonodd* Harris ac sydd
â dyddiad arnynt, fod 15.9 y cant ohonynt wedi mynd at
ferched y tu allan i gylch ei 'deulu' ef ei hun (gan gynnwys
Hannah Bowen). O'r holl lythyrau a *dderbyniodd* gan bobl
o'r tu allan i'r cylch hwnnw, anfonwyd 14.9 y cant ohonynt
gan ferched.

Er bod dadansoddiadau o'r fath yn ddiddorol a dadlennol,
rhaid cyfaddef nad ydym eto wedi gwneud mwy na chrafu
wyneb yr wybodaeth sydd gan bapurau Howell Harris i'w
datguddio. Cymwynas fawr William Williams, Pantycelyn,
oedd cynnwys yn ei farddoniaeth a'i ryddiaith fesur helaeth
o rin a blas y cyfnod yr oedd yn byw ynddo, a'r diwygiad yr
oedd yn rhan ohono. Cymwynas Harris oedd diogelu yn
fanwl iawn hanes bywyd, a hynt a helynt, un o'r diwygwyr.
Trwy ei ddyddiaduron, ei lythyrau a'i amrywiol bapurau,
darparodd ffynnon inni dynnu ohoni, a thrwy wneud hynny
sicrhaodd ei fod yn cynnwys nid yn unig wybodaeth am yr
hyn a oedd yn digwydd o'i gwmpas ond hefyd gyfoeth o
fanylion am yr hyn a oedd yn digwydd yn ei feddwl a'i
fywyd ef ei hun. Hyn sy'n rhoi gwerth anfesuradwy i
Gasgliad Trefeca.

Er ein bod yn gwybod yn dda am brif gerrig milltir gyrfa
Howell Harris, gellir dweud heb lawer o amheuaeth na fydd
y sawl sydd â diddordeb yn hanes crefydd yng Nghymru neu
yn hanes Cristnogaeth yn gyffredinol yn fodlon hyd nes y
bydd modd plymio i ddyfnderoedd y ffynnon a adawodd inni
a thynnu pob diferyn posibl allan ohoni. Wrth gwrs, prin y
byddai'n bosibl cyfiawnhau buddsoddiad ariannol sylweddol
yn y fath brosiect, ond, o ran ein hanes fel pobl a hanes y
ffydd sydd wedi moldio ein meddwl a'n hysbryd am fwy na
mileniwm a hanner, o ran ein dealltwriaeth o'r cyfnod yr
ydym yn perthyn iddo a'r etifeddiaeth yr ydym wedi ei
derbyn, erys hon o hyd yn dasg y mae'n rhaid ei chyflawni,
a'i chyflawni ar frys.

DARLLEN PELLACH

Tom Beynon, *Howell Harris, Reformer and Soldier* (Caernarfon, 1958).
Tom Beynon, *Howell Harris's Visits to London* (Aberystwyth, 1960).
Tom Beynon, *Howell Harris's Visits to Pembrokeshire* (Aberystwyth, 1966).
M. H. Jones, *The Trevecka Letters* (Caernarfon, 1932).
Geoffrey F. Nuttall, *Howel Harris: The Last Enthusiast* (Caerdydd, 1965).
Gomer M. Roberts, 'Gleanings from the Trevecka Letters', *Brycheiniog*, II (1956) a III (1957).
Gomer M. Roberts (gol.), *Selected Trevecka Letters, 1742–47* (Caernarfon, 1956).
Gomer M. Roberts (gol.), *Selected Trevecka Letters, 1747–94* (Caernarfon, 1962).
John Thickens, *Howel Harris yn Llundain* (Caernarfon, 1938).
Geraint Tudur, *Howell Harris: From Conversion to Separation* (Caerdydd, 2000).

UN O FERCHED BRITANNIA: GYRFA YR ADDYSGWRAIG ELIZABETH P. HUGHES

W. Gareth Evans

Let us have a national education to preserve and develop our national type ... An ideal Welsh education must be national. It must differ from an ideal English education primarily because of the difference of race.

Elizabeth Phillips Hughes

Ystrydeb yw dweud bod pob cenhedlaeth yn ailysgrifennu ac yn ailddiffinio ei hanes yn unol â theithi meddwl y presennol. Yn achos Cymru, y mae'r genedl a ystyrid gan ei beirniaid yn genedl 'anhanesyddol' yn gynyddol wedi dewis ailysgrifennu ei hanes. Y mae'r meysydd lle y gwelir y duedd hon yn lliaws, ac un o'r pwysicaf yw'r ymgais ddiweddar i ailddarganfod ac ailddiffinio swyddogaeth a chyfraniad merched i hanes ein cenedl. Go brin y gellid bellach gyhoeddi cyfrol debyg i *Pioneers of Welsh Education* (1964), cyfrol sy'n trafod dynion yn unig. A thrwy godi cwr y llen ar yrfa Elizabeth Phillips Hughes, addysgwraig yn oes Victoria, nod yr ysgrif hon yw cyfrannu i'r proses o sicrhau bod cof y genedl yn perthyn i ferched yn ogystal â dynion.

Buasai'r Frenhines Victoria yn teyrnasu ers tair blynedd ar ddeg pan anwyd Elizabeth Phillips Hughes yng Nghaerfyrddin ar 22 Mehefin 1850. Fe'i magwyd mewn amgylchfyd cysurus ac yr oedd ei thad, Dr John Hughes, yn ymgorfforiad o'r Fictoriad goludog, cyfrifol a dylanwadol. Ac yntau'n feddyg, yn ynad heddwch, ac yn gadeirydd y 'School Board', yn llywodraethwr yr Ysgol Ramadeg ac yn gomisiynydd y dreth incwm, yr oedd Hughes yn eithriadol o weithgar. Nid heb reswm y cafodd y llysenw 'Bismarck' gan wàgs sir Gaerfyrddin. Os rhoi ei fryd ar wneud enw iddo ef ei hun a wnaeth Hughes, un o gamau cyntaf ei wraig cyn priodi oedd newid ei chyfenw. Hanai o gyff y Leviaid, teulu Iddewig cefnog o Hwlffordd, ond trodd y Levi yn Phillips pan ddaeth y teulu yn Gristnogion. Teulu pur fawr a thalentog oedd hwn. Daeth brawd Elizabeth, Hugh Price Hughes, yn weinidog ac yn llywydd y 'Methodist Conference'. Yn wir, cymaint oedd ei gyfraniad cyhoeddus fel y penderfynodd ei gofiannydd, sef ei ferch Dorothea, fod ei thad yn haeddu cofiant a oedd yn ymestyn i chwe chan tudalen!

Afraid pwysleisio mor gyfforddus, o safbwynt materol ac emosiynol, fu magwraeth Elizabeth Hughes yng

Nghaerfyrddin. Er bod ei thad yn ffigur cyhoeddus amlwg, yr oedd ei mam, Anne Hughes (*née* Phillips), yn ddylanwad ffurfiannol ar yr aelwyd, a hawdd credu iddi aberthu llawer er mwyn ei phlant. Plentyn gwanllyd oedd Elizabeth Hughes, neu 'Bessie' fel y'i hadwaenid yn ystod ei phlentyndod, a go brin y byddai neb y pryd hwnnw wedi rhag-weld y llwyddiant a ddeuai i'w rhan ymhen amser. Erbyn cyrraedd deng mlwydd oed, prin y gallai Bessie ddarllen, gan fod cynifer o wahanol anhwylderau wedi nychu ei haddysg. Un o'r rhai a geisiodd ei orau glas i'w haddysgu oedd ei brawd, Hugh Price Hughes, ac fe'i siarsiai yn gyson i fynychu'r cyrddau gweddi y byddai ef yn eu trefnu. Pe gwrthodai, byddai yntau'n bygwth rhoi ei ben yn y tân!

19   Yr addysgwraig Elizabeth Phillips Hughes (1850–1925).

Ysgolion preifat Lloegr, yn hytrach na sir Gaerfyrddin, fu'r dylanwad addysgol pennaf arni. Treuliodd gyfnod mewn ysgol breifat yn Taunton cyn mynd yn ei blaen i Goleg Merched Cheltenham. A hithau â'i bryd ar ddysgu, aeth i Goleg Newnham, Caer-grawnt, ym 1881, blwyddyn arwyddocaol yn hanes addysg y ferch ym Mhrydain oherwydd dyna pryd y cafodd merched Prifysgol Caer-grawnt yr hawl i sefyll arholiadau gradd ar yr un telerau â dynion am y tro cyntaf. Cafodd y tro pedol hwn ei gymeradwyo gan fwyafrif sylweddol, ond yr oedd elfen gref o annhegwch yn parhau oherwydd rhwystrid merched rhag derbyn eu graddau er eu bod wedi sefyll yr arholiadau a llwyddo. Bu'n rhaid aros tan 1948 cyn dileu'r annhegwch hwn.

Un o'r rhai cyntaf i elwa ar y drefn newydd hon oedd Elizabeth Hughes oherwydd enillodd radd yn y dosbarth cyntaf mewn gwyddorau moesol ym 1884. Penllanw yr ysfa am hunan-welliant oedd ei phenodiad, a hithau'n 35 oed, yn brifathrawes gyntaf Coleg Hyfforddi newydd ym 1885, sef y 'Cambridge Training College for Women Teachers'. Yr oedd Caer-grawnt y pryd hwnnw yn ymddiddori'n fawr mewn arbrofion addysgol. Er 1878 buasai Prifysgol Caer-grawnt o blaid sefydlu Corff er Hyrwyddo Hyfforddi Athrawon. Yr oedd y sefyllfa yng Nghaer-grawnt yng nghyfnod Elizabeth Hughes, felly, yn gyffrous ac yn llawn menter. Tra gwahanol oedd y sefyllfa ym Mhrifysgol Rhydychen lle'r oedd yr awdurdodau gryn dipyn yn fwy llugoer ynghylch y syniad o hyfforddi athrawon. Bu perthynas hyd braich rhwng Prifysgol Caer-grawnt a Choleg Hyfforddi Elizabeth Hughes hyd 1949 pan ddaeth y Coleg newydd yn rhan swyddogol o'r Brifysgol. Y mae'r ffaith i'r enw trwsgl gwreiddiol gael ei newid y pryd hwnnw i 'Hughes Hall' yn tystio i gamp Elizabeth Hughes.

Ond nid camp draddodiadol 'Gymreig' oedd hon. Yr oedd y syniad y gallai Cymry o dras ddi-nod lwyddo yn Lloegr yn rhan o gyffes ffydd nifer o Ryddfrydwyr y cyfnod. Byddai camp un bachgen o Lanystumdwy yn goron ar y 'myth' hwn. Ond yr oedd y Cymry a lwyddai ar lwyfan mawr byd cyhoeddus Lloegr yn ddynion, a dyna paham y mae gorchest Elizabeth Hughes mor drawiadol ac yn haeddu sylw haneswyr.

Er bod bywyd materol Elizabeth Hughes yn dra chysurus, nid felly oedd profiad trwch y merched. Wynebent rwystredigaethau fyrdd. Ni chaent fwrw pleidlais mewn etholiadau seneddol. Dynion yn unig a elwodd ar ddiwygio'r drefn bleidleisio ym 1832, 1867 a 1885. Gwaherddid merched rhag bwrw prentisiaeth mewn sawl proffesiwn, megis meddygaeth a'r gyfraith. Magl arall oedd statws cyfreithiol merched: i bob pwrpas yr oedd y wraig yn eiddo cyfreithiol a moesol i'w gŵr. Gallai gŵr ysgaru ei wraig am odineb, ond ni châi gwraig ysgariad oddi wrth ŵr godinebus.

Sail yr annhegwch hwn oedd cyfuniad o ragfarn ac athrawiaethau clir ynglŷn â statws merched. Yn fynych, disgrifid merched fel y gwannaf o'r ddwy ryw – 'the weaker sex' – a chyfeiriai hynny at eu gwendid corfforol ac ymenyddol honedig. Câi'r rhagfarnau hyn swcr o du'r byd meddygol hefyd. Credai nifer o feddygon, a hynny'n gwbl ddidwyll, fod ymennydd merch ar gyfartaledd yn llai nag ymennydd dyn. Yn ystod ei anerchiad gerbron y Gymdeithas Feddygol Brydeinig ym 1886 honnodd y llywydd, Dr Withers-Moore, fod y ferch, am resymau corfforol ac ymenyddol, yn anaddas ar gyfer addysg uwch.

Ategid y rhagfarnau meddygol hyn gan syniadau cymdeithasegol a deallusol y dydd, yn enwedig Darwiniaeth Gymdeithasegol. O ganlyniad, bwriai'r syniad o gylchoedd gwahanol neu 'separate spheres' ar gyfer dynion a merched wreiddiau dwfn. Y ddelfryd boblogaidd o'r ferch a hybid gan wasg y cyfnod oedd delfryd y dosbarth canol, sef y dylai fod yn 'Frenhines yr Aelwyd', sef yn fam ac yn wraig dda. Ond law yn llaw â'r delfrydu hwn, ceid israddoli hefyd. Yn nhyb llawer yn oes Victoria, byddai rhyddfreinio'r ferch drwy roi iddi gydraddoldeb addysgol a phroffesiynol yn dryllio sancteiddrwydd ei phriod le, sef y cartref.

Yr oedd cyfleoedd addysgol hefyd yn brin iawn: dyrnaid o ferched yn unig a gâi unrhyw fath o addysg uwchradd naill ai mewn ysgolion preifat digon gwamal eu safonau neu yn un o'r tair ysgol waddoledig i ferched – ysgolion Howells (Llandaf a Dinbych) ac ysgol enwog Dr Williams, Dolgellau. Digon yw dweud, fel y dangosodd Adroddiad Aberdâr ym 1881, mai 263 oedd cyfanswm y disgyblion yn y tair ysgol.

Adlewyrchid y diffyg cyfleoedd hyn hefyd yng ngholegau hyfforddi merched Cymru. Hyd nes i'r Gymdeithas Frutanaidd agor Coleg Hyfforddi Abertawe ym 1872, nid oedd yr un Coleg yn hyfforddi athrawesau. Anghenion dynion yn unig a ddiwellid gan sefydliadau fel Coleg Hyfforddi Caernarfon a agorwyd ym 1856 a'r Coleg Normal, Bangor, a agorodd ei ddrysau ym 1858. O ganlyniad, cyrchai merched Cymru i golegau tebyg i Goleg Borough Road yn Lloegr. Nid oes unrhyw amheuaeth, felly, nad oedd y ddarpariaeth addysgol i ferched Cymru gryn dipyn yn waeth na'r hyn a geid mewn rhannau eraill o Brydain. Ac nid y niferoedd pitw oedd yr unig broblem. Yn aml, yr oedd safon yr addysg a gynigid i ferched yn bur ddiffygiol. Beirniadwyd Ysgol Dr Williams, Dolgellau, gan ymchwilwyr fel Dr R. D. Roberts am ddarparu addysg gwbl anaddas i ferched Meirionnydd, a dim ond un feirniadaeth ymhlith llawer oedd hon.

Ond er dued y sefyllfa hon, yr oedd awelon mwy gobeithiol yn dechrau chwythu. Yr oedd dynion a menywod yn dod yn fwyfwy ymwybodol o'r hyn a elwid 'the woman question'. Yn y wasg pleidiai rhai o sêr newyddiadurol Cymru – yn eu plith R. J. Derfel, Thomas Gee a J. H. Griffith ('Y Gohebydd') – hawliau'r ferch. Yn sir Aberteifi byddai golygydd y *Cambrian News*, John Gibson, yn manteisio ar bob cyfle i eiriol ar ran menywod, ac yng ngwaelod y sir dangosai'r ryfeddol Granogwen (Sarah Jane Rees) faint y

20   Sarah Jane Rees (Cranogwen), 1839–1916.

gallai ewyllys gref ei gyflawni. Ceid hefyd beth cefnogaeth o du sefydliadau'r cyfnod, megis yr Eisteddfod Genedlaethol a'r Cymmrodorion. Ond y gwir amdani yw mai tân siafins oedd yr ymdrechion hyn. Fel y dangosodd gyrfa Elizabeth Hughes, byddai'n rhaid wrth seiliau cadarnach.
   A hithau ar y pryd yn fyfyrwraig yng ngholeg Newnham Caer-grawnt, daeth Elizabeth Hughes i sylw bywyd cyhoeddus

Cymru am y tro cyntaf yn ystod Eisteddfod Genedlaethol Caerdydd ym 1883. Darllenwyd papur o'i heiddo gan T. Marchant Williams ar destun a fyddai'n genadwri oes iddi: 'The Future of Welsh Education with special reference to the Education of Girls.' Llwyddodd y papur trawiadol hwn i gynhyrfu tipyn ar ferddwr deallusol yr oes. Yn garn i'w syniadaeth, honnodd Elizabeth Hughes fod Cymru ar drothwy cyfnod newydd yn ei hanes. Yr oedd angen cymryd camau pendant ym maes addysg, meddai, gan roi sylw arbennig i anghenion Cymru yn hytrach nag impio arni gyfundrefn Seisnig. Heb sylweddoli'r eironi, meddai: 'Don't let us forget we are Welshmen.' Yn nhyb Elizabeth Hughes, yr oedd cyfundrefn addysg Lloegr yn gwbl anghydnaws ag anghenion Cymru. Aeth yn ei blaen i'w chystwyo am fod yn annelwig ac am roi gormod o bwys ar arholiadau. Wrth ddysgu Hanes, meddai, rhoddid gormod o bwys ar ffeithiau. Yr oedd y Saeson hefyd, yn ei thyb hi, yn siomedig o gyndyn i gyflwyno pynciau newydd, yn enwedig ym maes y gwyddorau, i'r cwricwlwm.

Yr oedd Cymru, a'r syniad o Gymru, yn gwbl ganolog i'r weledigaeth hon. Byddai'n rhaid i gyfundrefn addysg Cymru fod yn wahanol i Loegr oherwydd bod amgylchiadau mor wahanol yn y ddwy wlad. Dylid rhoi sylw, er enghraifft, i gerddoriaeth a barddoniaeth :

> because the Welsh nation has shown an especial aptitude for music and poetry. The Eisteddfod is a noble monument of this fact.

Aeth i'r afael â chwestiwn pigog crefydd yn ogystal. Gellid cyfiawnhau addysg led seciwlar yn Lloegr, ond yng Nghymru yr ateb, yn nhyb Elizabeth Hughes, oedd addysg grefyddol anenwadol.

Prif argymhelliad Elizabeth Hughes yn y papur a draddodwyd gerbron y Cymmrodorion oedd y dylid sefydlu cwmni i ofalu am Addysg i Ferched Cymru, gyda phwyslais

21 Fel y dengys y cartŵn hwn o'r *Birmingham Owl* ym 1894, yr oedd Hugh Price Hughes, brawd Elizabeth, yn pleidio achos merched.

arbennig ar ddysgu coginio a glendid. Ond yr oedd syniadau Elizabeth Hughes yn mynd ymhellach nag ideoleg y 'sfferau ar wahân' bondigrybwyll. Er ei bod yn cydnabod y byddai'r pynciau a ddysgid i fechgyn a merched yn wahanol, byddai'n rhaid sicrhau bod ymwybyddiaeth ddofn o ddiwylliant yn sail i addysg y ddwy ryw.

Yr oedd hwn yn bapur arloesol ac yn flaenffrwyth meddwl clir a chraff. Nid syndod, felly, i'r Cymmrodorion ganmol y gwaith i'r cymylau: honnwyd ei fod 'yn un o'r ysgrifau galluocaf a ddarllenwyd yng nghyfarfod Cymmrodorion Eisteddfod Caerdydd'.

Bellach, yr oedd Elizabeth Hughes wedi magu blas ar draethu mewn fforwm cyhoeddus ac yn Eisteddfod Genedlaethol Lerpwl 1884, gyda'r Arglwydd Aberdâr a Miss Gladstone yn beirniadu, enillodd wobr o £25 am ei hymdriniaeth â'r testun: 'The Higher Education of Girls in Wales with practical suggestions as to the best means of promoting it.' Yn y traethawd arobryn hwn, datblygodd Elizabeth Hughes nifer o'r themâu a frasluniwyd yn ei haraith i'r Cymmrodorion. A hithau'n ymhyfrydu yn ei ffugenw 'Ap Gruffudd', yr oedd mwy nag arlliw cenedlaetholgar ar ei llith :

> Let us have a national education to preserve and develop our national type . . . An ideal Welsh education must be national. It must differ from an ideal English education primarily because of the difference of race.

Megis trwch ei chyd-Gymry, ni welai ddim anghysondeb rhwng pleidio hawliau cenedlaethol ac amddiffyn y drefn imperialaidd yr un pryd. Fel Tom Ellis ac eraill, imperialydd Cymreig ydoedd, a'i nod oedd cryfhau sefyllfa Cymru y tu mewn i'r rhwymau ymerodraethol. Byddai addysg, felly, yn ddull perffaith o gyrraedd y nod hwnnw:

> Differences of race, far from being a subject for regret, as far as possible should be deepened and perpetuated.

The differences of race found within the bounds of the British Empire can become a source of strength and completeness.

Ac wrth eiriol dros gyfundrefn addysg Gymreig, yr oedd ar yr un gwynt yn eiriol dros barhad Ymerodraeth gynyddol enfawr y Frenhines Victoria:

> Not only for the sake of the Principality but also for the sake of the mighty Empire of which we form a distinct part.

Yr un modd, ni fyddai'r iaith Gymraeg ychwaith yn milwrio yn erbyn undod grymus Prydain. A thros filiwn o Gymry yn medru'r Gymraeg, credai y gellid annog disgyblion i barhau â'u hastudiaethau petai'r addysg honno yn cael ei chyflwyno yn eu mamiaith. Yr oedd hefyd yn ddigon hirben i sylweddoli mai addysg Gymraeg oedd yr unig ffordd o arbed y Gymraeg rhag mynd i ddifancoll. Yn wir, addysg oedd yr unig bŵer a feddai'r Cymry a fyddai'n eu galluogi i amddiffyn eu cenedligrwydd a'u mamiaith:

> If we accept the education of England, in due time we shall become Anglicised. If we work at our own education, we shall remain Welsh.

Ac fel rhan o'i gweledigaeth ynghylch addysg uwch Gymreig, byddai'n rhaid i'r Gymraeg ennill statws fel pwnc dewisol.

Nid siarad gwag damcaniaethol oedd y syniadau hyn. Breuddwyd Elizabeth Hughes oedd creu 'Undeb er Hyrwyddo Addysg Uwch yng Nghymru', corff ac iddo bwyllgor yn cynrychioli trawstoriad eang o addysgwyr. Byddai'r Undeb hwn yn ystyried sefydlu cwmnïoedd addysgol mewn trefi ledled Cymru gyda'r nod o ddenu cyfranddalwyr a fyddai'n fodlon cyfrannu at y gost o sefydlu ysgolion.

Yr oedd blas cryf o werthoedd y 'dosbarth canol' yn y cynllun hwn ac adlewyrchai gefndir Elizabeth Hughes a hefyd gyfyngiadau ariannol yr oes. Dim ond y dosbarth canol, yn nhyb Elizabeth Hughes, a fyddai'n gallu cynnal cwmnïoedd o'r fath mewn trefi o faint Caerdydd, Abertawe, Merthyr Tudful a Bangor. Os oedd y syniadau hyn yn gweddu i'r dosbarth canol, yr oedd hefyd wythïen gyfoethog o bragmatiaeth yn rhedeg drwyddynt. Y nod fyddai cadw'r ffioedd blynyddol yn isel – tua wyth bunt y flwyddyn – er mwyn denu cynifer o ddisgyblion â phosibl. Yr oedd profiad America wedi dangos i Elizabeth Hughes gymaint o arian y gellid ei arbed drwy rannu adeiladau ac adnoddau rhwng ysgolion – dyna paham yr oedd yr egwyddor o addysgu bechgyn a merched ar y cyd mor bwysig iddi. Dadleuodd 'Ap Gruffudd' yn ogystal o blaid ceisio rhannu'r arian a'r gwaddoliadau a gâi ysgolion gramadeg. Pe bai'r cynllun hwnnw'n methu, byddai'n rhaid sefydlu ysgolion i ferched trwy danysgrifiad cyhoeddus.

Yr oedd hon yn weledigaeth gydlynol, genedlaethol. I'r perwyl hwnnw, galwodd Elizabeth Hughes am sefydlu system o ysgoloriaethau a fyddai'n cysylltu ysgolion elfennol, ysgolion uwchradd a cholegau rhanbarthol â'i gilydd. Yr oedd y rhain yn syniadau gwreiddiol ac, o ran addysg uwch i ferched, yn herfeiddiol. Dadleuodd Hughes o blaid gwella'r drefniadaeth i fyfyrwragedd yn y tri choleg rhanbarthol Cymreig. Yr oedd yn angenrheidiol, meddai, fod neuaddau preswyl ar gyfer merched ynghlwm wrth y colegau yn Aberystwyth, Bangor a Chaerdydd. Byddai hynny'n cyflawni dau nod: cynnig cyfle i ferched gael gwersi ychwanegol fin nos a'u harbed rhag y peryglon 'moesol' o letya mewn tai preifat.

Yr oedd gweledigaeth Elizabeth Hughes nid yn unig yn cwmpasu'r genedl gyfan ond hefyd y syniad o ddarparu addysg barhaus i ferched. Drachtiodd Miss Hughes yn ddwfn o'r ffynnon Americanaidd, gan fynnu mai'r modelau i'w dilyn oedd y 'Cambridge Extension Scheme' a'r 'Cambridge Correspondence Class'. Dylai'r Pwyllgor felly fwrw ati i sefydlu llyfrgelloedd ac amgueddfeydd tebyg i'r rhai Americanaidd – sefydliadau a fyddai'n caniatáu i ferched ehangu eu gorwelion a'u haddysg.

Sylweddolodd Elizabeth Hughes o'r dechrau'n deg y byddai angen cyfalaf enfawr arni er mwyn gwireddu ei breuddwyd. Gobaith 'Ap Gruffudd', felly, oedd y byddai'r llywodraeth yn dyfarnu i Aberystwyth grant tebyg i'r un a gâi Bangor a Chaerdydd. Eisoes rhoddwyd arian i Iwerddon er mwyn sefydlu Colegau'r Frenhines a chodwyd adeilad newydd sbon ar gyfer Prifysgol Glasgow.

Rhan annatod o'i chynllun oedd y syniad o sefydlu Prifysgol genedlaethol i Gymru:

> It is necessary that our education should be national, and for a perfect national education, an University is an essential requirement.

Yn ei thyb hi, y dull mwyaf hwylus o hyrwyddo'r syniad o sefydlu Prifysgol yng Nghymru fyddai creu bwrdd arholi a fyddai'n cynnwys cynrychiolwyr o staff y tri choleg. Ond byddai'n rhaid i'r Cymry fwrw ymaith eu gwaseidd-dra, gan ddechrau synied am raddau Prifysgol Cymru fel graddau llawn cystal â graddau prifysgolion Rhydychen a Chaer-grawnt.

Hawdd y gallai Elizabeth Hughes ddadlau yn y modd hwn oherwydd yn yr un flwyddyn ag yr enillodd wobr yn yr Eisteddfod Genedlaethol dyfarnwyd iddi radd Dosbarth Cyntaf yn y gwyddorau moesol yng Nghaer-grawnt. Er mor danbaid yr ydoedd dros Gymru ac achos Cymru, bywyd diwylliannol a deallusol Caer-grawnt oedd ei byd. Yn hyn o beth, daeth yn drwm dan ddylanwad dwy addysgwraig fwyaf blaenllaw Lloegr – Miss A. J. Clough, prifathrawes Newnham a Miss Emily Davies (gwraig o dras Gymreig) yng Ngholeg Girton.

Ym 1885, a hithau ond yn 35 oed, penodwyd Elizabeth

Hughes yn brifathrawes gyntaf Coleg Hyfforddi Athrawesau Caer-grawnt, swydd y byddai yn ei llenwi am y pedair blynedd ar ddeg nesaf. Ond er ei bod yn byw ac yn gweithio yng Nghaer-grawnt, tynhau ac nid llacio a wnâi'r cwlwm rhyngddi a Chymru. Yn sgil methiant Mesur Addysg Mundella (1885) daethai'n gynyddol amlwg y byddai'n rhaid dwyn pwysau cyhoeddus ar y llywodraeth i newid y ddarpariaeth addysgol ar gyfer merched. Yn wir, y farn gyffredinol oedd fod y llywodraeth wedi methu dangos unrhyw arweiniad yn hyn o beth. Canlyniad y siomiant hwn fu sefydlu'r 'Gymdeithas er

22 Ym 1885 penodwyd Elizabeth Hughes yn brifathrawes gyntaf Coleg Hyfforddi Athrawesau Caer-grawnt.

Hyrwyddo Addysg Genethod Cymru' ym 1886. Yn ôl un o symbylwyr y gymdeithas newydd:

> It was now quite clear that if girls education was to receive the attention which its importance demanded, some steps must be taken to direct public opinion to the subject, and to draw together by some common bond, those who already live to the necessities of the case.

Trefnwyd cyfarfodydd anffurfiol i ddechrau, gydag Elizabeth Hughes yn chwarae rhan amlwg. Fel yn achos nifer o gymdeithasau addysgol Cymreig a ffurfiwyd yn ystod teyrnasiad Victoria, egin y gymdeithas hon oedd fod criw o ffrindiau wedi dod ynghyd yn Llundain. Yn y cyfarfod hwnnw mynegwyd pryder mawr ynglŷn â'r difrawder ynghylch darparu ar gyfer anghenion addysgol merched Cymru. Yr oedd amcanion y gymdeithas yn driphlyg:

> I ledaenu gwybodaeth ynglŷn ag ysgolion a cholegau da i ferched, ac i danlinellu sut orau y gellir cael sefydliadau o'r fath yng ngoleuni amodau arbennig Cymru.

> I gasglu gwybodaeth ynglŷn â sefyllfa bresennol addysg merched yn amrywiol ranbarthau'r Dywysogaeth.

> I gadw llygad ar fuddiannau merched mewn unrhyw ddeddfwriaeth yn y dyfodol a fydd yn cael effaith ar addysg ac ar ad-drefnu gwaddoliadau addysg yng Nghymru.

Yr oedd aelodau'r gymdeithas newydd hon yn cynnwys rhai o bileri Cymru Oes Victoria: Dilys Davies, Llundain, Isambard Owen, T. Marchant Williams, W. E. Davies, R. D. Davies, Yr Athro Henry Jones, Y Prifathro Harry Reichel, Tom Ellis A.S. a hefyd Elizabeth Hughes ei hun.

Yr oedd cyfraniad Elizabeth Hughes wrth lunio'r egwyddorion hyn yn allweddol. Aethpwyd ati i lunio prosbectws gyda'r bwriad o ddenu rhagor o aelodau i'r Gymdeithas. Ond y cam pwysicaf, yn ddiau, oedd gwahodd y Gymdeithas i rannu llwyfan â'r Cymmrodorion yn Eisteddfod Genedlaethol Caernarfon ym 1886. Yr oedd mater y ferch, yn ôl y trefnwyr, yn haeddu sylw brys:

> Pwnc sydd yn galw am ystyriaeth ddifrifol ein gwladgarwyr ydyw yr un o addysgiant ein merched ifanc, a da y gwnaeth Cymdeithas y Cymmrodorion ei wneud yn fater ymdriniaeth yn un o gyfarfodydd yr adran.

Daeth tyrfa barchus ynghyd a mawr oedd y diddordeb yn y pwnc dan sylw. Darllenwyd negeseuon o gefnogaeth oddi wrth Elizabeth Hughes, ynghyd â thair menyw arall a fyddai'n allweddol yn yr ymdrechion i sicrhau cyfleoedd addysgol teg i bawb: Dr Frances Hoggan, Mrs Verney a Miss Emily Armstrong. Ar gais Isambard Owen, penderfynwyd gosod y gymdeithas ar sail swyddogol. Eilydd y cynnig oedd Tom Ellis, A.S.

Bellach tybid bod rhyw gynnwrf ar droed. Ar 17 Ionawr 1886 cynhaliwyd y cyfarfod cyhoeddus cyntaf yng Nghaerdydd, gyda'r maer yn cadeirio. Ymhlith yr enwogion a ddenwyd i'r cyfarfod y noson honno yr oedd yr Athro John Rhŷs, Rhydychen, ynghyd â'r Prifathrawon Harry Reichel a J. Viriamu Jones. Yn ei haraith yn ystod y noson gyntaf honno, esboniodd Elizabeth Hughes paham yr oedd yn ymwneud â'r gymdeithas:

> As men and women are essentially different, and have a different work to do, I believe that eventually their education will differ; but at present, our one chance as women of equal education is to receive a similar one.

Testun ei hanerchiad oedd 'The Education of Welsh Women' a galwodd am sefydlu canghennau ledled Gymru. Yr oedd y nod yn gwbl amlwg:

With kind regards
E P Hughes

THE EDUCATION OF WELSH WOMEN.

BY

MISS E. P. HUGHES,

OF THE CAMBRIDGE TRAINING COLLEGE.

Being chiefly the Substance of a Speech delivered at Cardiff, January, 1887, on the occasion of the first Public Meeting of the Association for Promoting the Education of Girls in Wales.

London:
W. SPEAIGHT & SONS, PRINTERS, FETTER LANE.

1887.

23 Clawr (wedi ei lofnodi gan yr awdur) darlith brintiedig Elizabeth Hughes ar 'The Education of Welsh Women', 1887.

The civilised world has yet to learn the power of women and how to use it for the advancement of civilisation. No race can nowadays prosper greatly if half of it is uneducated and badly educated.

Er pwysiced y dechreuadau hyn, ofnid mai siop siarad yn unig fyddai'r gymdeithas oni fyddai ganddi amcanion clir. Y Prifathro T. Charles Edwards oedd y cyntaf i fynegi ei amheuon:

The object was clear, but the way to obtain that object seemed to be somewhat indefinite. They were groping in the dark. They had gone there with no cut and dried plan, but to assist one another with suggestions.

Yr oedd y feirniadaeth hon, er ei llymed, yn deg a hefyd yn symbyliad i nifer o'r aelodau. Un o'r gwendidau amlycaf oedd yr angen i hyfforddi athrawesau. I'r perwyl hwn, pasiwyd cynnig a ddrafftiwyd gan Elizabeth Hughes yn galw am sicrwydd y byddai addysg i ferched yn rhan ganolog o unrhyw ddeddf addysg ganolradd a ddeuai gerbron y Senedd.

Bu rhagor o ymgyrchu o blaid deddfwriaeth. Mewn cyfarfod o Adran Cymmrodorion Eisteddfod Genedlaethol Llundain 1887 pasiwyd cynnig yn galw am sefydlu prifysgol i Gymru, am hyfforddiant i athrawon ysgolion elfennol o fewn y colegau prifysgol, ac am degwch i fechgyn a merched fel ei gilydd wrth ddrafftio deddfwriaeth gogyfer ag ysgolion canolradd. Yn anochel, chwaraeodd Elizabeth Hughes ran flaenllaw yn y trafodaethau hyn, gan ddangos ymwybyddiaeth ddofn o rai o syniadau athronyddol pennaf yr oes. Gan fod dynion yn troi at Ddarwiniaeth Gymdeithasol er mwyn cyfiawnhau'r hen drefn batriarchaidd, troi'r dŵr i'w melin ei hun a wnaeth Miss Hughes: 'A highly educated man/woman is placed at an immense advantage in the world's battle.'

Yn wir, yr oedd Elizabeth Hughes yn fwy na pharod i chwarae'r ffon ddwybig er mwyn ennill cefnogaeth gwahanol garfanau. Ar un achlysur pwysleisiodd na fyddai rhoi cyfleoedd i ferched yn peri iddynt fod yn llai benywaidd – adlais glir o'r rhagfarn gyffredin nad oedd merched annibynnol mor 'fenywaidd' ag y dylent fod. Yn ystod y blynyddoedd cychwynnol hyn, cafodd y gymdeithas groeso caredig, os gofalus. Yn ôl *Y Frythones*:

> Y mae cymeriad y ddynoliaeth yn llaw y mamau... Gan fod cysylltiad mor agos yn bodoli rhwng y ferch a ffurfiad cymeriad y genedl, y mae yn naturiol ystyried y symudiad dros Addysg Merched Cymru yn un o'r rhai pwysicaf.

Achubodd y gymdeithas y cyfle i hyrwyddo ei hamcanion drwy nifer o ddulliau, gan gynnwys cyfarfodydd, areithiau, deisebu, codi arian a chyhoeddi pamffledi. Un o'r awduron cyhoeddedig hyn oedd Elizabeth Hughes. Ymhlith y lleill a roes inc ar bapur o blaid hawliau'r ferch yr oedd Isambard Owen, Harry Reichel, Dilys Davies ac A. H. D. Acland, A.S. Yr oedd y dulliau hyn yn rhai cyfarwydd i unrhyw garfan bwyso ddosbarth-canol yn ystod Oes Victoria.

Erbyn i Elizabeth Hughes gael ei phenodi yn ysgrifennydd y gymdeithas, yr oedd cryn bryder fod y gymdeithas wedi chwythu ei phlwc. Yn wir, erbyn 1897 honnai rhai aelodau fod y gwaith wedi ei gyflawni ac mai rheitiach peth fyddai ei dirwyn i ben. Ond, er gwaethaf yr amheuon hyn, penderfynwyd y dylai'r Gymdeithas barhau a daeth torf sylweddol i'w chyfarfod blynyddol ym 1899. Achubiaeth dros dro oedd hyn, fodd bynnag, ac ymhen dwy flynedd caewyd pen y mwdwl ar waith y gymdeithas. Eto i gyd, nid methiant fu'r gymdeithas oherwydd yr oedd llawer o'i hamcanion wedi eu cyflawni erbyn troad y ganrif.

Er mor radical oedd amcanion gwreiddiol y gymdeithas, camgymeriad fyddai tybio mai hi oedd yr unig gymdeithas o'i bath. Yn wir, yr oedd ei hamcanion cenedlaethol a chenedlaetholgar i'w gweld yn eglur yn rhaglen Cymru Fydd. Nid Tom Ellis a'i gymheiriaid oedd yr unig ysbrydoliaeth. Ar ddiwedd y bedwaredd ganrif ar bymtheg yr oedd cryn ddiddordeb mewn addysg gymharol a'r posibilrwydd o elwa ar brofiadau addysgol gwledydd eraill. Yn hyn o beth, bu gwaith Matthew Arnold a Syr Michael Sadler o Brifysgol Manceinion yn ddylanwadau pwysig ar y gymdeithas, dylanwadau a alluogodd ei haelodau i gyfiawnhau eu diddordeb mewn materion Cymreig. Yn yr un modd, defnyddiwyd Darwiniaeth Gymdeithasol i gyfiawnhau'r syniad o genedl a chysyniadau megis 'safon yr hil' a'r 'frwydr rhwng dwy hil'. Yn nhyb Elizabeth Hughes, yr oedd yn anhraethol bwysig fod Cymru yn cael ei thrin ym maes addysg fel endid ar wahân:

> Let us in Wales follow the true principle of national development... Our greatest national need at present is an excellent national education... in that national education, a very important part is the Higher Education of Welsh women.

I'r diben hwn, dadleuodd Miss Hughes o blaid twf organig yng nghyfundrefn addysg Cymru. A byddai'n rhaid i'r gyfundrefn honno fod yn gyfundrefn gwbl Gymreig:

> No system of education now prevalent would suit Wales... Every nation must make its own system. They could not transplant the Scotch nor the English nor the German, nor the American to Wales, and make it practicable. They must make their own system in Wales.

Yn ogystal â'r ymwybod â chenedligrwydd, yr oedd ail biler athronyddol i weledigaeth Elizabeth Hughes, sef yr angen am addysg ryddfrydig. Ar derfyn oes Victoria ceid dadleuon tanbaid ynghylch addysg uwch. Mewn cyfrolau megis *The Idea of a University* gan J. H. Newman a *Culture and Anarchy* gan Matthew Arnold, ysgogid darllenwyr i'w holi eu hunain beth oedd diben addysg uwch. Digwyddai hyn mewn cyfnod pan oedd y sylfeini clasurol dan warchae yn sgil datblygiadau cyffrous a charlamus ym myd gwyddoniaeth. Bellach yr oedd cwestiynau sylfaenol yn cael eu gofyn ynghylch defnyddioldeb astudio'r celfyddydau.

Yn y cyd-destun hwn, byddai Elizabeth Hughes yn gofyn dau gwestiwn yn aml: beth yw diben addysg uwch a sut orau y gellid ehangu'r ddarpariaeth? Ateb Miss Hughes i'r cwestiwn cyntaf oedd fod diben ac amcan eglur i addysg, sef bod yr unigolyn yn elwa ar addysg ryddfrydig trwy ddatblygu ei ddoniau personol. Gwelai Elizabeth Hughes werth cynhenid mewn addysg o'r fath. Er ei bod yn cydnabod y gallai addysg uwch fod yn ddefnyddiol at ddibenion galwedigaethol, nid dyna oedd ei swyddogaeth bennaf. Nod addysg uwch, yn ei thyb hi, oedd datblygu'r unigolyn hyd eithaf ei alluoedd.

Er i Elizabeth Hughes ddadlau'n gryf dros yr egwyddorion hyn, annheg fyddai ei chyhuddo o lyncu syniadau Newman ac Arnold am addysg ryddfrydig yn ddihalen. Yn wir, yr oedd yn barod i gydnabod mor ddadleuol oedd y drafodaeth ynglŷn â sut orau i ddysgu myfyrwyr. Yn nhyb rhai, dysgu'r Clasuron oedd wrth galon addysg ryddfrydig, ond i Elizabeth Hughes, y dull o ddysgu ac o astudio a oedd yn bwysig, nid yn gymaint y cynnwys:

> Any subject, if taught philosophically can be used as a means of a liberal education.

Nodweddid yr addysg ryddfrydig hon, felly, gan ffordd athronyddol o feddwl, golwg lydan a goleuedig ar faterion y byd ac ymwybyddiaeth dreiddgar o egwyddorion sylfaenol. Byddai'n ailadrodd y wireb ganlynol yn fynych: 'Facts are not knowledge and knowledge is not education.'

Canlyniad ymarferol hyn i gyd oedd ei bod lawn mor fuddiol i astudio Almaeneg ac Athroniaeth ag yr oedd i astudio'r Clasuron. Ac er bod Elizabeth Hughes wedi dadlau gydol ei hoes dros addysg ryddfrydig, nid ymgiliodd i ryw dŵr ifori tra oedd yng Nghaer-grawnt. Yn wir, gwnaeth gyfraniad enfawr ym maes hyfforddi athrawon Cymru. Gan dynnu ar ei phrofiadau yn Lloegr, buan y sylweddolodd mai un o wendidau'r gyfundrefn addysg uwch yno oedd y dull diffygiol o hyfforddi athrawesau. A'r ysgolion canolradd ar fin cael eu sefydlu yng Nghymru, yr oedd yr angen am athrawon hyfforddedig yn argyfyngus. Gwyddai Elizabeth Hughes y gallai Cymru ddenu athrawesau o Loegr ond na fyddai'n gallu denu'r goreuon yn eu plith:

> We do not want Wales flooded with second-rate and third-rate English teachers.

Ac aeth gam ymhellach. Dadleuodd y byddai'n well i blant Cymru gael eu dysgu gan athrawesau o Gymru:

> As a rule, far better that the teacher should be of the same race as his pupils, they understand and sympathise with one another far better.

Y nod tymor-hir, felly, oedd sicrhau y byddai mwyafrif athrawon Cymru yn Gymry ac y sefydlid maes o law gymdeithas i gynrychioli'r athrawon hyn. Er mwyn hyrwyddo'r freuddwyd hon, defnyddiai Elizabeth Hughes hen sibolethau treuliedig. Yn ei thyb hi, dylai'r Cymry brofi'n athrawon da oherwydd bod llawer o'r nodweddion Celtaidd o'u plaid, sef hiwmor parod, bywiogrwydd a meddwl effro. At hynny, dylid ychwanegu'r 'ffaith' fod y Celtiaid yn gallu deall safbwynt pobl eraill yn gyflym iawn. Prin fod unrhyw goel ar hyn heddiw, ond ar y pryd yr oedd syniadau o'r fath yn dra dylanwadol. Yn wir, dywedodd Elizabeth Hughes wrth Gomisiwn Brenhinol (Bryce) ar Addysg Uwch ym 1894:

> The Celt has certain advantages which count very much in teaching.

Nid gwrth-Gymreictod oedd yr unig ragfarn a oedd yn dân ar groen Elizabeth Hughes. Ar ddiwedd Oes Victoria, ceid rhagfarn gref iawn yn erbyn hyfforddi athrawon ysgol uwchradd. Yr oedd ymdeimlad o israddoldeb yn rhemp, ac meddai un athrawes ysgol uwchradd wrth Hughes ym 1901:

> The training of teachers is an ambiguous term, an educational heresy and historically a failure.

Ceisiodd Elizabeth Hughes fynd i'r afael â snobyddiaeth o'r fath trwy dynnu sylw at wendidau athrawon Cymru a Lloegr a'r angen dybryd i'w hyfforddi. Yn aml, byddai ysgolion elfennol yn cyflogi plant fel athrawon ac er gwaetha'r ffioedd uchel a delid gan ddisgyblion mewn ysgolion bonedd ni châi eu hathrawon unrhyw hyfforddiant proffesiynol. Ac er cystal oedd record academaidd Elizabeth Hughes, dioddefai hithau hefyd o ganlyniad i'r agweddau trahaus hyn. Yng Nghaer-grawnt, yr oedd snobyddiaeth academaidd yn rhemp ac amheuid gwerth addysg fel 'disgyblaeth'.

Ymlafniai Elizabeth Hughes i geisio dileu'r rhagfarnau hyn trwy gyhoeddi toreth o ddeunyddiau yn y wasg Gymraeg a Saesneg yn tanlinellu'r angen i hyfforddi athrawon. Mewn pamffledi fel 'Hyfforddi Athrawesau: Ymarfer Addysgawl', eglurodd beth oedd hanfod gwers dda:

> Rhaid i'r athraw wybod beth y mae yn ddisgwyl ennill oddiwrth y wers; rhaid i wers iawn ddiben penodol . . . Rwy'n barhaus yn gofyn i rai sydd yn dysgu pa beth y maent yn geisio ennill, ac nid ydynt yn gwybod.

Tybiai'r sefydliad y gellid datrys y broblem trwy greu colegau hyfforddi athrawon o fewn y brifysgol. Fel Tom Ellis, gwelai Elizabeth Hughes fanteision amlwg mewn hyfforddi darpar athrawon ochr yn ochr â myfyrwyr a oedd yn dilyn cyrsiau eraill, ond pwysleisiai'n gyson ragoriaeth cyrsiau 'dilynol' dros gyrsiau a oedd yn cydredeg:

One of the most fatal of mistakes made in the training of teachers was to try to retain prospective teachers and provide some education at the same time. Better to train after acquiring a degree . . . Teachers needed a solid substructure of liberal education and sound subject knowledge.

Rhan annatod o freuddwyd Elizabeth Hughes o sefydlu cyfundrefn addysg Gymreig i'r Cymry oedd cael Prifysgol i Gymru. Coron ar y cyfan fyddai creu Prifysgol genedlaethol, yn ei thyb hi, a hi oedd yr unig ferch ar y pwyllgor a ddrafftiodd Siartr Prifysgol Cymru ym 1893. Fe'i hetholwyd hefyd yn aelod o'r Llys Prifysgol cyntaf. Ym 1896 ysgrifennodd erthygl i'r cylchgrawn cenedlaetholgar *Young Wales* ar arwyddocâd y syniad o Brifysgol i ferched. Ynddi dadleuodd yn huawdl y dylai'r ddwy ryw, yn wahanol i'r sefyllfa ym mhrifysgolion Lloegr, feddu ar yr un hawliau. Gwyddai o'r gorau nad ar chwarae bach y cyflawnid hyn: 'there is still much distrust of women . . . many still expect us to be superficial, with little power of calm, cool, wide judgement. Women were greatly hampered by the past.' Yn yr un modd, galwodd am gyfundrefn arholi annibynnol i Gymru, a chwaraeodd ran amlwg yn y gwaith o sefydlu'r Bwrdd Arholi Canolog. Yng ngaeaf 1896 mynychodd Elizabeth Hughes gyfarfodydd cyntaf y bwrdd hwnnw yn Amwythig.

Drwy roi sylw i'w gweithgarwch penodol Gymreig yn unig, hawdd fyddai anghofio am waith arloesol Elizabeth Hughes o fewn ei choleg yng Nghaer-grawnt. Gweithiai'n ddiorffwys o blaid buddiannau'r coleg, gan ddwyn y pen trymaf o'r baich dysgu. Yn ystod ei blwyddyn gyntaf ym 1885 nid oedd ganddi ddim cymorth ac eithrio howsgiper breswyl. Gan ei fod yn goleg preifat gwirfoddol, heb waddol ariannol o fath yn y byd, bu raid dygnu a dogni am flynyddoedd. Ond yr oedd gan Elizabeth Hughes ystôr ddihysbydd o ffydd, ac meddid am y Coleg y pryd hwnnw: 'It possessed a large capital, in the shape of Infinite Faith.'

24 Ym 1950 rhoddwyd yr enw 'Elizabeth Phillips Hughes Hall' ar Goleg Hyfforddi Athrawesau Caer-grawnt.

Yn ddi-os, deilliai'r ffydd hon o Elizabeth Hughes ei hun. Llwyddai i danio brwdfrydedd ac ennyn teyrngarwch ei myfyrwyr, a chymaint oedd y parch ati fel yr oedd y gymuned addysgol ledled Lloegr yn dymuno gweld y fenter herfeiddiol newydd hon yn llwyddo. Rhaid cofio mai hwn oedd y coleg hyfforddi preswyl cyntaf yn Lloegr a'r coleg cyntaf i geisio hyfforddi athrawon mewn dulliau gwyddonol ac athronyddol. Bwriwyd yr hen ddulliau cyntefig o hyfforddi athrawon i'r naill ochr a rhoddwyd llawer mwy o bwyslais ar osod a chynnal safonau. Wrth ddwyn i gof eu profiadau yn Hughes Hall byddai myfyrwyr yn cofio am brifathrawes a geisiai fod yn fam, yn athrawes a, phan fyddai angen, yn dipyn o fadam. Yr argraff a geir am weithgarwch Elizabeth Hughes yn y cyfnod hwnnw yw ei hannibyniaeth barn a'i ffydd yng ngallu ei myfyrwyr.

Ond nid dyfodol merched oedd unig ofal y 'bluestocking' ddiflino hon. Ar y cyd â dwy o'i chyfeillion o Goleg

Newnham, cynhaliai ddosbarthiadau ar nos Sul ar gyfer labrwrs o ardaloedd dwyreiniol Caer-grawnt. Nid bod cynnal y dosbarthiadau hyn ar nos Sul yn golygu bod arlliw crefyddol yn perthyn iddynt. Lledaenu dysg oedd yn cymell Elizabeth Hughes ac yn hynny o beth yr oedd yn dra gwahanol i'w brawd, y Methodist enwog Hugh Price Hughes.

Bu raid i Elizabeth Hughes dalu'n ddrud am ei gwaith diflino. Yng ngwanwyn 1899, a hithau'n 47 mlwydd oed, torrodd ei hiechyd, a phenderfynodd ymddiswyddo. Eglurodd ei phenderfyniad wrth ei myfyrwyr syfrdan:

> Shattered nerves through overwork. If you want to live you must rest at once . . . and I decided that I did want to live, and so – I am going to stop, and rest.

Yng Nghymru a Chaer-grawnt, synnwyd pawb gan ei phenderfyniad disymwth, a bu cryn glebran pan benderfynodd Elizabeth Hughes ddringo'r Matterhorn rai misoedd yn unig ar ôl ymddeol. Ar ôl gadael Caer-grawnt dychwelodd i Gymru, gan ymroi unwaith eto i fywyd cyhoeddus. Ond ni ddychwelodd byth mwy i swydd lawn-amser gyflogedig.

Ymgartrefodd yn Y Barri ym 1899, gan ddod yn aelod brwdfrydig a gweithgar o Gyngor Sir Morgannwg a'r Pwyllgor Addysg. Fe'i hetholwyd yn llywodraethwr Prifysgol Cymru a Choleg y Brifysgol, Caerdydd. Dylanwadodd yn drwm ar y proses o sefydlu Coleg Hyfforddi Merched yn Y Barri ym 1914. Yn ystod y Rhyfel Mawr fe'i gwnaed yn rheolwraig ar ysbyty i filwyr clwyfedig ym Morgannwg, a dyfarnwyd iddi'r anrhydedd o M.B.E. Yn y blynyddoedd hyn hefyd daeth yn rhan o gylch cyfeillion David Lloyd George, ac yr oedd uwchben ei digon pan ddyfarnwyd iddi Ddoethuriaeth er Anrhydedd gan Brifysgol Cymru ym 1920. Bu farw ar 19 Rhagfyr 1925.

Mewn ysgrif goffa yn y *Western Mail* ym 1925 fe'i disgrifiwyd fel 'the foremost woman educationalist in

Wales'. Er bod ysgrifau o'r fath yn dueddol i ormodieithu, y mae'r asesiad hwn o Elizabeth Phillips Hughes yn gwbl wir. Nid oes dim dwywaith iddi wneud cyfraniad enfawr, er bod troeon ei gyrfa yn aml yn llawn anghysonderau. Dyma Gymraes danbaid a dreuliodd ran helaeth o'i hoes yn Lloegr; addysgwraig a bleidiai achos popeth cenedlaethol er mwyn cryfhau'r Ymerodraeth; addysgwraig a gefnogai'r Gymraeg er mwyn amddiffyn Prydeindod; uchel-eglwyswraig a ymhyfrydai yn y meddylfryd radical. Cyw o frid prin iawn oedd Elizabeth Hughes: menyw gyhoeddus, Cymraes ac Imperialydd.

DARLLEN PELLACH

Deirdre Beddoe, *Discovering Women's History: A Practical Guide to the Sources of Women's History, 1800–1945* (Llundain, 1993).
Margaret Bottrall, *Hughes Hall, 1885–1985* (Caer-grawnt, 1985).
W. Gareth Evans, *Education and Female Emancipation: The Welsh Experience, 1847–1914* (Caerdydd, 1990).
John Gibson, *On the Emancipation of Women*, adargraffiad gyda rhagymadrodd gan W. Gareth Evans (Llandysul, 1992).
Dorothea Price Hughes, *The Life of Hugh Price Hughes* (Llundain, 1904).
Angela V. John, *Our Mother's Land: Chapters in Welsh Women's History, 1830–1939* (Caerdydd, 1991).
R. Tudur Jones, *Coroni'r Fam Frenhines: Y Ferch a'r Fam yn Llenyddiaeth Oes Fictoria 1835–60* (Dinbych, 1976).
Christopher Oldstone-Moore, *Hugh Price Hughes: Founder of a New Methodism, Conscience of a New Nonconformity* (Caerdydd, 1999).
Joan Perkin, *Victorian Women* (Llundain, 1993).
Joanna Trollope, *Britannia's Daughters* (Llundain, 1983).

BRWYDR BUTLIN'S:
TIRLUN, IAITH A MOESOLDEB
YM MHEN LLŶN, 1938–47

Pyrs Gruffudd

To the Welshman, whether at home or abroad, Meirion and
Môn, Lleyn and Eifionydd are a sanctuary and a focal point
for his deepest patriotism.

Pwyllgor Amddiffyn Llŷn

Y mae tiriogaeth a thirlun yn elfennau hanfodol o'r dychymyg cenedlaethol. Er enghraifft, gellir ystyried cenedlaetholdeb ei hun, yn y bôn, yn syniadaeth diriogaethol y gellir ei chyfiawnhau drwy osod hunaniaeth o fewn cyd-destun daearyddol penodol. Y mae'r cyfryw athroniaeth wleidyddol yn ei hamlygu ei hun mewn sawl ffordd. Ar un lefel, ymdreiddia i'r berthynas rhwng y bobl a'u hamgylchedd drwy greu rhethreg 'mapiau a moesoldebau' neu 'landscapes and legends', chwedl Anthony Smith. Dyma hefyd hanfod athroniaeth J. R. Jones yn y 1960au a'i syniad o 'gydymdreiddiad' pobl a'u hamgylchedd drwy eu hiaith. Ar ôl creu'r 'ddaearyddiaeth genedlaethol' hon drwy amlygu'r berthynas rhwng hanes, cof cenedl a'r tir, y mae ei hamddiffyn yn datblygu'n elfen hanfodol o wleidyddiaeth genedlaethol. Gellir ystyried bygythiadau i ardaloedd neu dirluniau penodol yn ymosodiadau ar y genedl gyfan, yn enwedig os yw'r mannau penodol hyn yn symbol o hanfod y genedl mewn rhyw ffordd. Gall nodweddion daearyddol megis mynyddoedd, afonydd neu fforestydd unigol ddatblygu yn symbol o'r genedl neu gellir ystyried math o dirlun – un gwledig, gan amlaf – fel metaffor o'r berthynas rhwng pobl a'u tiriogaeth. Hawlia'r bobl sy'n digwydd byw ar y tirlun hwn hefyd y statws cenedlaethol hwn. Yn y modd hwn, y mae'r di-nod yn datblygu arwyddocâd y tu hwnt i'w ffiniau. Ond gall daearyddiaeth hefyd fod yn ffactor positif a llai amddiffynnol drwy gyfrannu at ddatblygiad cenedlaethol. Y mae'r proses o ymestyn rhwydweithiau cyfathrebu trwy diriogaeth y genedl, er enghraifft, yn ymgais real *a* symbolaidd i greu undod cenedlaethol. Gellid ystyried y syniad o genedl hunangynhaliol, a chanddi berthynas gynaladwy â'i thir, yn yr un modd.

Yr oedd amryw o'r syniadau hyn yn annatod glwm wrth y trafodaethau am dirlun ac amgylchedd Cymru yn y 1930au.

Cafwyd cyfnod o ddatblygiad sydyn yn sgil twf yr economi ar ôl y Rhyfel Byd Cyntaf, ac yr oedd hyd yn oed ardaloedd gwledig Cymru yn arddangos ôl moderneiddio. I lawer, yr oedd hyn yn destun pryder. Yr oedd mudiadau cadwraethol – megis Ymgyrch Diogelu Cymru Wledig (Campaign for the Protection of Rural Wales, neu'r CPRW fel y'i hadwaenid) – yn ofni bod cefn gwlad yn cael ei anharddu gan adeiladau rhad a digymeriad, gan ffyrdd newydd a'r datblygiadau a ddeuai yn eu sgil (megis gorsafoedd petrol, hysbysebion, a siopau te), a chan dwf y diwydiant twristiaeth a ddygai'r holl elfennau hyn i'r mannau mwyaf anghysbell. Tra canolbwyntiai'r mudiadau cadwraethol ar y newid ym mhryd a gwedd cefn gwlad a'r arfordir, sylwai eraill ar y bygythiadau mwy sylfaenol a oedd yn ymhlyg ynddynt. Nid diffyg chwaeth a oedd yn gyfrifol am ddadfeiliad adeiladau cynhenid Cymru, yn ôl Iorwerth C. Peate – curadur cyntaf Sain Ffagan ac awdur astudiaethau megis *The Welsh House* (1946) – ond dim llai na marwolaeth araf y bywyd gwledig Cymraeg a Chymreig ei hun. Yr oedd yr hysbysebion enamel a geid wrth ymyl y ffordd nid yn unig yn symbol o'r Seisnigrwydd a oedd yn treiddio i gefn gwlad Cymru ond hefyd yn ernes o'r modd yr oedd materoliaeth a byd busnes yn cyrraedd cymunedau hunangynhaliol. Ar lawer ystyr, felly, yr oedd tirlun a thiriogaeth yn bynciau gwleidyddol llosg yng Nghymru yn y 1930au.

Tua diwedd y 1930au daeth llecyn tawel ym Mhenrhyn Llŷn yn ganolbwynt i'r trafodaethau gwleidyddol hyn. Darn o ffermdir gwastad rhwng Pwllheli a Chricieth, gerllaw penrhyn Penychain, oedd hwn, a cheid yno dai, ffermydd a chapel. Fe'i datblygwyd yn safle ar gyfer gwersyll hyfforddiant milwrol a'i newid yn ddiweddarach i fod yn wersyll gwyliau ar gyfer cwmni Butlin's. Yn sgil hyn daeth gwersyll Butlin's yn bwnc llosg yng Nghymru am rai blynyddoedd ac yn symbol o broblemau cadwraethol ac o'r galw am hamdden a gwyliau (yn ogystal â'r pryder cyffredinol nad oedd pobl yn hamddena yn y dull 'cywir'). Yr oedd hefyd yn symbol o'r ofnau moesol a diwylliannol a fodolai ymhlith rhai sectorau yng Nghymru ac a leisid yn aml pan awgrymid y dylid 'datblygu' rhannau o Gymru wledig. Daeth y gwersyll, yn ogystal, yn symbol o hawliau – neu ddiffyg hawliau – cenedl y Cymry dros ei thiriogaeth, ac felly yn rhan o'r galw am fesur o hunanlywodraeth i Gymru. Digwyddodd hyn oll yn erbyn cefnlen byd lliwgar Butlin's a'r prosiect o ailadeiladu cymdeithas ac economi Prydain ar ôl yr Ail Ryfel Byd.

Bodolai cysylltiad agos rhwng byd hamdden a byd cadwraeth yn ystod y cyfnod rhwng y ddau ryfel byd gan fod twf poblogrwydd hamddena yng nghcfn gwlad yn achosi nifer o newidiadau i'r tirlun. Wrth i deithio ar gyfer gwyliau a hamdden gael ei ddemocrateiddio gan y rheilffyrdd, y siarabang a'r modur, heriwyd o'r newydd y drefn esthetig a chymdeithasol. Yr oedd arfordir gogledd Cymru dan bwysau arbennig oherwydd agosrwydd dinasoedd gogledd-orllewin Lloegr, a manteisiai ffermwyr a thirfeddianwyr yr ardal ar hynny. Ym 1937 cwynodd un o drigolion yr ardal wrth y Weinyddiaeth Iechyd: 'In recent years "squatter" camps of huge dimensions have sprung up along this coast until . . . there are at least fifty thousand men, women and children "squatting" along the main road within a coast line of two miles.' Ym 1939 paratôdd Ymgyrch Diogelu Cymru Wledig arolwg o arfordir Cymru, gan nodi bod sir Fôn mewn perygl o gael ei difetha a sir Feirionnydd o gael ei anharddu gan ddatblygiad byngalos. Yr oedd cyflwr Penrhyn Llŷn yn waeth fyth: 'Masses of people in tents and caravans all the summer . . . Whole coast line of Lleyn in danger from sporadic bungalow development: bungalows dotted all over the place, e.g. in the sand dunes at Nevin etc.' At hyn oll, yr oedd y datblygiadau mwy parhaol a oedd ar waith mewn ardaloedd fel Bae Cinmel a Bae Trearddur yn anharddu'r glannau oherwydd, yn nhyb mudiad fel y CPRW, fod eu pensaernïaeth faestrefol mor ddi-chwaeth a digynllun.

Ond cryfhau fyddai'r tueddiadau hyn gan fod deddf a basiwyd ym 1938 wedi sicrhau y câi'r sawl a oedd mewn swydd ei gyflog yn ystod cyfnodau o wyliau. Rhagwelai Political and Economic Planning, sef grŵp ymchwil adainchwith, y byddai 30 miliwn o bobl yn cymryd gwyliau erbyn canol y 1940au. Felly, ni fyddai bodloni ar gadwraeth yn unig yn ateb i'r broblem. Byddai'n rhaid datblygu'r arfordir i ateb y galw newydd. Ymatebodd y Llywodraeth drwy gomisiynu adroddiad gan y daearyddwr Alfred Steers ar ba rannau o arfordir Prydain y dylid eu diogelu rhag datblygiad a pha rannau y gellid eu defnyddio i ateb y galw cynyddol am lecynnau hamdden. Yn ei adroddiad enwodd Steers aberoedd afonydd Dwyryd, Mawddach a Dyfi ymhlith yr ardaloedd o'r safon esthetig uchaf, ond ofnai fod arfordir y gogledd-ddwyrain yn dioddef o'r hyn a alwai yn 'bad scattered development'. Yn nhyb rhai, diffyg cynllunio o safbwynt safle a phensaernïaeth oedd y brif broblem yn hytrach nag unrhyw ddatblygiad ynddo'i hun. Tueddir i synied am y mudiad cadwraethol fel un a glodforai'r hen ar draul y newydd yn gyson, ond ceir digon o dystiolaeth yn y 1920au a'r 1930au i awgrymu bod lleisiau llawer mwy modern i'w clywed yn rhengoedd y mudiad.

Un ateb i'r broblem o ddatblygiadau anhrefnus ar yr arfordir oedd gwersylloedd gwyliau, gan eu bod yn cynnig cydymffurfiad esthetig ac, yn bwysicach efallai, yn cronni datblygiad mewn safleoedd dwys. Sefydlwyd y cyntaf o'r rhain – mewn pebyll a chytiau pren syml – gan fudiadau fel yr undebau llafur yn y bedwaredd ganrif ar bymtheg. Erbyn y 1930au yr oedd cwmnïau masnachol megis y rheilffyrdd yn weithgar yn y maes ac yr oedd safon bensaernïol y gwersylloedd, yn ogystal â'u maint, wedi datblygu yn syfrdanol. Pan agorwyd Gwersyll Gwyliau Prestatyn gan gwmni rheilffordd y London Midland and Scottish ym 1939 yr oedd hyd yn oed y CPRW yn cymeradwyo'n gynnes ansawdd y cynllun. Yn ôl y pensaer: 'There is abundant evidence that people of all classes in this country react to artistic surroundings, and therefore as much consideration and care have been devoted to the design of the Prestatyn Holiday Camp as have been applied to some . . . costly and important buildings.' Ymhlith yr atyniadau ceid llong ffug o'r enw 'The Prestatyn Clipper', bar coctel o'r enw 'The Wheelhouse', a thŵr 60 troedfedd lle y gellid gweld Eryri, Ynys Manaw, a hyd yn oed tŵr Blackpool o'i gopa!

Eto i gyd, yr enwocaf o'r gwersylloedd gwyliau oedd eiddo cwmni Butlin's. Ganwyd Billy Butlin yn Cape Town ym

25 Billy Butlin yn tywys y Frenhines Elisabeth II a Dug Caeredin o amgylch gwersyll Butlin's, 21 Hydref 1965.

1899. Treuliodd ei blentyndod yn teithio o amgylch ffeiriau gorllewin Lloegr a chafodd ei brofiad cyntaf o ymweld â gwersyll gwyliau yn Toronto. Agorodd ei barc adloniant cyntaf yn Skegness ym 1927, daeth â'r ceir clatsio (dodgem) cyntaf i Brydain ym 1928, ac agorodd ei wersylloedd gwyliau cyntaf yn Skegness ym 1936 ac yn Clacton ym 1938. Bu'r ddau wersyll hyn yn llwyddiant ysgubol er gwaethaf rhywfaint o wrthwynebiad lleol. Daeth yr enw Butlin's yn symbol o wyliau braf am bris teg ar gyfer y dosbarth gweithiol – 'wythnos o wyliau am wythnos o dâl' oedd slogan y cwmni – a cheid yn y gwersylloedd gyfleusterau o safon a oedd yn ddieithr i'r mwyafrif. Yr oedd hefyd ryw gyfaredd yn perthyn iddo: yn Skegness un tro bu'r cricedwr enwog Len Hutton yn wynebu bowlio'r gantores Gracie Fields, gan ddefnyddio bat wedi ei lunio o roc Skegness! Yr oedd Billy Butlin wrthi'n cynllunio gwersylloedd pellach ar gyfer Pwllheli ac Ayr pan ddechreuodd yr Ail Ryfel Byd. Gan weld ei gyfle, awgrymodd i'r Morlys y byddai'r rhain yn fannau addas iawn ar gyfer gwersylloedd hyfforddiant milwrol. Yn nodweddiadol graff, trawodd gytundeb a'i galluogodd i adeiladu'r gwersylloedd ar gyfer y Morlys a'u prynu yn ôl ar ddiwedd y rhyfel am 60 y cant o'r gost wreiddiol. Rhoes hyn nid yn unig wersyll rhad iddo ond hefyd fantais sylweddol dros bob cystadleuydd arall yn ystod blynyddoedd y rhyfel. Yn nhyb diniwed braidd cofiannydd Butlin: 'Bill Butlin wanted to help the country, and it so happened that the assistance he gave in camp-building eventually rebounded in his own favour'!

A hithau'n gyfnod o ryfel, nid oedd angen caniatâd cynllunio ar y Morlys a dechreuwyd ar y gwaith o adeiladu H.M.S. Glendower ar ôl trafodaethau cwta iawn â Chyngor Dosbarth Gwledig Llŷn. Gorffennwyd un rhan o'r gwaith ym mis Ionawr 1941 a dyna pryd y cyhoeddodd Billy Butlin fod ganddo ran yn y prosiect drwy ofyn am ganiatâd i ddefnyddio'r gwersyll ar ôl y rhyfel. Yr oedd Cyngor Dosbarth Gwledig Llŷn yn gefnogol am resymau economaidd, ond yr oedd aelodau o'r Cyngor Sir yn fwy gofidus. Eu hymgynghorydd cynllunio oedd y cynllunydd byd-enwog Patrick Abercrombie – cynllunydd mwyaf dylanwadol yr ugeinfed ganrif, o bosibl. Yr oedd gan Abercrombie gysylltiadau clòs â gogledd Cymru ac yr oedd wedi ysgrifennu erthyglau deallus ar broblemau arbennig tirlun a thiriogaeth Cymru yn *Nhrafodion* y Cymmrodorion, er enghraifft. Ei gynorthwyydd oedd y pensaer Clough Williams-Ellis a oedd wedi adeiladu pentref Portmeirion ychydig filltiroedd i'r dwyrain o Benychain. Yr oedd yntau'n flaenllaw iawn yn yr ymgyrch i roi gwell trefn ar gynllunio gwlad a thref. Yr oedd y ddau hyn yn anhapus iawn ynglŷn â'r modd yr anwybyddwyd y proses arferol o gynnal arolwg o'r cynllun ar gyfer gwersyll Butlin's. Ym 1936 awgrymodd Abercrombie yn *Cynllun Rhanbarthol Gogledd Cymru* y dylid diogelu'r darn hwnnw o'r glannau fel gwarchodfa arfordirol. Wrth i'r gwersyll ehangu ymhellach ym misoedd haf 1941, dirywiodd y berthynas rhwng y cynllunwyr a'r Morlys. Ond daethai'n amlwg fod y sefyllfa gyfreithiol yn beryglus o gymhleth. Nid oedd hi'n glir, ychwaith, pa gefnogaeth y gellid ei disgwyl gan y Weinyddiaeth Cynllunio Gwlad a Thref. Clywsai Abercrombie y si canlynol: 'Steers, who has been surveying the whole coast, agrees that Penychain would be about the right position for an increased sea-coast development in order to keep it down on the Lleyn Peninsular'. Gwyddai Abercrombie a Williams-Ellis, hwythau, fod manteision yn perthyn i wersyll o'r fath. Byddai'n cronni datblygiad yn un rhan o'r penrhyn yn unig, gan adael y gweddill yn rhydd i'w fwynhau gan y diwylliedig rai. Yr oedd y ddau, hefyd, yn perthyn i adain fwy blaengar y mudiad cadwraethol, er bod nifer yn tybio – ar gam – fod Williams-Ellis ynghlwm wrth draddodiad oherwydd ei hoffter o arddull bensaernïol hanesyddol. Cyhoeddai'r ddau yn groyw, yn eu gweithiau printiedig niferus, fod lle i ddatblygiadau a oedd yn manteisio ar dechnoleg ac arddull bensaernïol fodern, ac nad oedd angen ofni popeth newydd. Wedi'r cyfan, meddai Abercrombie yn ei ragair i un o lyfrau Steers ar ôl yr Ail Ryfel Byd, yr oedd Clough Williams-Ellis wedi llwyddo ym Mhortmeirion i ddangos bod modd datblygu pentref gwyliau ar y glannau heb anharddu'r tirlun. Ac os oedd arddull Portmeirion yn hanesyddol, yr oedd yr egwyddorion a oedd yn sail i'r pentref yr un mor berthnasol i adeiladau modern. Gellid, felly, greu trefi glan môr newydd ac iddynt harddwch creadigol. Yn ogystal, tybiai Williams-Ellis fod gan Gymru, fel pob gwlad arall, gyfrifoldeb i ddarparu safleoedd ar gyfer gwersylloedd gwyliau. Felly, penderfynodd y cynllunwyr mai gwell fyddai derbyn y gwersyll fel *fait accompli* a cheisio dwyn perswâd ar Butlin i wella ei gynllun. Aeth Williams-Ellis i weld Butlin yn ei gartref yn 'Millionaires' Row' yn Highgate, Llundain, er mwyn ceisio dwyn perswâd arno i wella cynllun y gwersyll ac i gynnig darpariaethau mwy 'diwylliedig', megis arddangos darluniau modern yn y lolfeydd. Meddai Williams-Ellis yn ei hunangofiant *Architect Errant* (1980): 'All very dazzling – we ate quails off gold plate – but I cannot recall that we achieved our original object to any worthwhile extent.'

Ond yr oedd safbwynt Clough Williams-Ellis yn amhoblogaidd iawn ymhlith rhai, gan gynnwys y CPRW – mudiad yr oedd ef ei hun yn gadeirydd arno y pryd hwnnw. Er ei sefydlu ym 1928 buasai'r CPRW yn ymgyrchu'n frwd yn erbyn nifer sylweddol o ddatblygiadau mawr a mân, a choleddai'r un farn strategol – a modern – a honno a bleidiai Williams-Ellis. Ond tra oedd arweinwyr y mudiad, fel Williams-Ellis ac Abercrombie, yn flaengar a chymedrol, yr oedd mwyafrif yr aelodau mor ymosodol ag erioed a'r un mor gaeth i'w dehongliad o'r hyn a oedd yn 'chwaethus' yn y tirlun. Yn eironig, Cecily, chwaer-yng-nghyfraith Clough Williams-Ellis a chadeirydd cangen sir Gaernarfon, oedd yn arwain yr ymosodiadau arno ef am 'fradychu' ei gydgadwraethwyr. Yn ôl yr archaeolegydd W. J. Hemp, yr oedd y gwersyll yn 'hideous collection of buildings and no schemes of colouring or planting can make it anything but a violation of the natural beauty of its site'. Ond yn ôl ymgyrchydd arall, yr oedd cwsmeriaid Butlin's eu hunain yn rhan o'r broblem: 'Butlin's are entitled to some *lebensraum* [h.y. 'lle i fyw' neu gynefin] since so many people seem to like that sort of holiday, but it would be absurd to throw away the best of our coastal scenery on people of that kind'. Yr oedd y datganiad hwn yn fynegiant clir fod gan wahanol ddosbarthiadau cymdeithasol gyfraniad pwysig i'r drafodaeth hon, fel yn achos y mwyafrif o drafodaethau cadwraethol y pryd hwnnw.

Seiliai nifer o'r gwrthwynebwyr eu dadl ar yr hyn y gellir ei alw yn 'ddaearyddiaeth foesol' (moral geography), sef y syniad fod dulliau priodol o ymddwyn mewn llefydd priodol. Yn aml iawn, golygai hyn – yn nhyb rhai – nad oedd rhai mathau o bobl (y dosbarth gweithiol trefol, er enghraifft) yn 'perthyn' i lefydd arbennig neu'n addas ar eu cyfer. Pleidiwyd y moesoldeb hwn gan Dr Thomas Jones mewn erthygl gref yn yr *Observer* ym mis Ionawr 1944. Yn ystod y rhyfel, meddai, yr oedd yr un mor bwysig i ddogni golygfeydd ag i ddogni bwyd 'otherwise the supply will be looted by the mob or ruined by multitudinous motor-cars and acrobatic aeroplanes'. Ond yr oedd Billy Butlin megis 'spiv' yn gwerthu arfordir tawel Cymru i unrhyw un a fedrai dalu:

> We submit that Snowdonia is certainly not the place for Mr Butlin. It is not his spiritual home. Skegness may be just right for 'Dungeon Bars' and Clacton-on-Sea for 'gay Viennese nights' – we quote the camp prospectus. But to bring relays of 4,000 campers through the holiday season to enjoy these luxuries at this quiet coast will destroy its peculiar qualities for everybody. Wales is not Canada. Its pools of silence are few and

26 Dull Cwmni Butlin's o hysbysebu atyniadau ei wersylloedd gwyliau.

small, and it ought to be beyond the pale of possibility to make these hills resound with jazz. The land of eagles, the altar of the snows, old "ere Babylon was dust' is not 'the common muck of the world'.

Yn ôl Jones, mater o ddewis rhwng 'torfeydd neu unigedd' ydoedd. Rhaid oedd amddiffyn tawelfannau Cymru rhag y lluoedd a diogelu Eryri a'i phrydferthwch rhag gwag bleserau Butlin's:

> why not extend at Rhyl or Prestatyn, where four thousand invaders a fortnight would hardly be noticed? Their crowds have no saturation point, and there, unlike Lleyn, the natives will not insist that the bartenders serving American cocktails shall be Welsh-speaking.

Cafwyd ateb gan Billy Butlin ymhen pythefnos. Gofynnodd sut y byddai Dr Jones yn awgrymu y dylid cadw'r 'lluoedd' hyn allan o dawelfannau Eryri – ai gan yr heddlu? Gan gyfeirio'n gyfrwys at aberth bobl gyffredin yn ystod y rhyfel, honnodd fod treftadaeth genedlaethol Cymru yn eiddo i bawb:

> Who are the 'mob' of 'spoilers' and 'looters' so loosely condemned? Not, surely, those brave, patient, kindly men and women who answered Mr. Churchill's call for toil and sweat and blood? Not, surely, those unsung heroes of the blitz? Definitely not those who fought through Hell from Alamein to Italy? – those who made Wales safe for Dr. Jones? . . . If, during our short-lived annual holiday we can lift our eyes to the immemorial hills – the distant spire of towering Snowdon – and we are enriched, is Dr. Jones the poorer? . . . No, the dawn upon the cloud-kissed hills, the setting of the summer sun, and the peace of those high places, are the common heritage of all men.

Dadleuai Butlin ymhellach fod i'w wersylloedd nod cymdeithasegol cryf. Ei amcan oedd sicrhau bod harddwch natur a phleserau cymdeithasol o fewn cyrraedd y lliaws, a bod amrywiaeth adloniadol ar gael ar gyfer y sawl a oedd wedi arfer â gwyliau undonog neu heb fod ar wyliau o gwbl.

Enillodd y ddadl hon gefnogaeth annisgwyl o du'r athronydd enwog C. E. M. Joad – ymgyrchydd brwd dros ymddygiad gweddus yng nghefn gwlad a thros gadwraeth, ac un a ddarlledai ei ddaliadau cryf ar y rhaglen 'Brains Trust'. Heb argoel o sentiment, cytunai â'r cynllunwyr y byddai'r gwersyll yn ddatblygiad defnyddiol ym Mhenrhyn Llŷn: '[it would] perform the same office as a drainage system. Just as a sewage farm accumulates and concentrates refuse and prevents it from spreading, so does the camp concentrate those very elements whose unchecked spread would overwhelm the countryside'. Ond credai hefyd y byddai'r gwersyll o fudd cymdeithasegol. O ran llety, adnoddau a bwyd, yr oedd y gwyliau 'boarding house' traddodiadol o safon isel a hefyd yn dinistrio personoliaeth: 'the wife nagged, the children whined, while the husband lounged and yearned after the girls on the prom. Or the whole family sat listlessly on the beach'. Cymharai hyn â'r adnoddau modern a'r diddanwch awyr-agored a'r adloniant a ddarperid yn Butlin's gyda'r nos. Er ei bod hi'n amlwg na fyddai gwyliau o'r fath yn apelio at bawb, honnai Joad nad oedd gan un garfan hawl i fynnu monopoli ar gywirdeb moesol ac esthetig. Yn ei dyb ef, yr oedd gwerth moesol a chymdeithasegol yn perthyn i wyliau yng ngwersyll Butlin's:

> The camp aims at the development and expression of personality. There are games and competitions, there are amateur theatricals, there are discussions and debates, there is the self-government of communities by their members. Men and women whose lives are spent in monotonous routine jobs experience for the first time on these holidays the joy of the awakened

mind, the exercised talent and the pouring out of energy in vivifying initiative and strenuous endeavour. They do not all passively receive; they actively contribute, and so contributing find the outlet for the personality which their working lives deny.

Yn bwysicach fyth, gallai gwersyll Butlin's ddatblygu'r swyddogaeth o addysgu cwsmeriaid ynglŷn â sut i werthfawrogi tirlun. Joad oedd un o'r prif ymgyrchwyr dros hawliau cerddwyr ac eraill yng nghefn gwlad. Yr oedd yn weithgar yn y frwydr i agor uchelfannau Prydain i gerddwyr, a bu'n annerch mewn cyfarfodydd protest awyr-agored a gynhaliwyd ar ddiwedd y 1930au. Yr oedd Thomas Jones, meddai, wedi awgrymu y dylid lleoli'r gwersyll ar safle a oedd eisoes wedi ei anharddu, ond paham y dylai 'Butlineers who look at bricks and concrete all the year round be required to look at the bricks of Southend and the concrete of Colwyn Bay all their holidays? Why should they not look at Snowdon?' Credai fod angen i'r dosbarth gweithiol trefol hefyd gael cyfle i fwynhau byd natur, ac y gallai hynny fod o les nid yn unig i'w hiechyd corfforol ond hefyd eu hiechyd ysbrydol. Ond er ei fod yn un o'r prif ymgyrchwyr dros hawliau cerddwyr, yr oedd Joad hefyd yn un o feirniaid llymaf y sawl na fyddai'n ymddwyn yn 'briodol' yng nghefn gwlad. Yr oedd ei syniad ef o chwaeth a'i synnwyr o ddaearyddiaeth foesol yn sail i hyn. Fel y cyfaddefodd: 'I have Tory tastes and Radical opinions, and my tastes are often at war with my opinions'! Gwelir y gwrthdaro hwn yn eglur hefyd yn ei lyfr *The Untutored Townsman's Invasion of the Country* a gyhoeddwyd ym 1945. Yn ei dyb ef, cynigiai gwersyll Butlin's feithrinfa i ddysgu dosbarth gweithiol trefol Prydain sut i werthfawrogi cefn gwlad ac i ymddwyn yn briodol yno. Gallai ddychmygu Butlin yn dweud:

> You cannot... jump overnight from the Southend holiday in a mob to a mountain holiday with two or

three. You must first be given the opportunity to see mountains and then perchance you may feel their spell and learn to love them. Well, my Pwllheli camp performs the office of a kindergarten for future mountaineers. There is the view of the Snowdonian range opening up every morning when they get up, and, if they desire to improve the acquaintance, there are motor coaches to take them into the mountains.

Gallai'r gwersylloedd hyn – ynghyd â chymdeithasau cerdded, hosteli, beicio ac yn y blaen – leddfu'r peryglon a ddeuai yn sgil y mewnlifiad tymhorol i lan y môr a'r mynyddoedd. Ond nid oedd pawb yn cytuno â'r farn hon ac ymosododd llythyrwr yn y *New Statesman and Nation* ar Joad. Yn hytrach na chyflwyno amgylchedd newydd i bobl y trefi, meddai, byddai cwsmeriaid Butlin yn dwyn fwlgariaeth Blackpool i Eryri. Ac er ei bod yn bosibl y byddai rhai 'Butlineers' yn mentro i'r mynyddoedd, 'they will think the impresario has let them down if he does not erect tents for ices and shrimp teas at frequent intervals'. Tybiai llythyrwr arall yn y wasg fod y proses addysgol y cyfeiriodd Joad ato yn debygol o ddinistrio yn hytrach na chreu: 'It will scarcely reassure those who care for the peace of Snowdonia to know that they may henceforward meet a vocal kindergarten antiphonally hi-de-hiking and ho-de-hoking all over the place and so "jollying-up" the crags of their quiet affection'.

Tra oedd un drafodaeth yn ymwneud â pha mor addas oedd ardal wledig hardd ar gyfer gwersyll gwyliau a 'daearyddiaeth foesol' ymddygiad yng nghefn gwlad, yr oedd mathau eraill o ddaearyddiaeth foesol hefyd yn y fantol. Fel y dywedodd Patrick Abercrombie wrth Clough Williams-Ellis, 'there is much in this besides town-planning: Butlin, nationalism, drink, water, morals, Sunday trading etc . . .!' Ffurfiwyd grŵp o'r enw Pwyllgor Amddiffyn Llŷn ym 1944. Ymhlith yr un aelod ar hugain gwreiddiol ceid sawl darlithydd a gweinidog.

Thomas Jones oedd y Llywydd a'r Ysgrifennydd oedd J. E. Jones – ysgrifennydd Plaid Genedlaethol Cymru. Yr oedd aelodau blaenllaw eraill o'r Blaid hefyd ar y pwyllgor, gan gynnwys y Parchedig J. E. Daniel a W. Ambrose Bebb. Ond mynnai Thomas Jones na ddylai'r pwyllgor fod yn fudiad cenedlaetholgar; er na ddywedodd hynny ar goedd, ei brif nod oedd defnyddio'r pwyllgor i atal cynllun Butlin rhag ofn i'r gwersyll gwyliau, ynghyd â'r gwrthwynebiad cyfiawn iddo, gynhyrfu sentiment cenedlaethol yng Nghymru.

Yr oedd dwy brif sail i wrthwynebiad Pwyllgor Amddiffyn Llŷn i gynlluniau Butlin: yn gyntaf, eu dehongliad o barhad diwylliannol a moesol yr ardal a swyddogaeth Penrhyn Llŷn fel perfeddwlad symbolaidd a gwir Gymreig; ac, yn ail, eu cred y dylid datblygu tiriogaeth Cymru o fewn fframwaith cenedlaethol *Cymreig* yn hytrach na Phrydeinig. Dangosodd y cyfrifiadau a gynhaliwyd yn negawdau cyntaf y ganrif fod yr iaith Gymraeg yn llwyddo i wrthsefyll Seisnigrwydd a bod rhannau helaeth o'r ardal yn uniaith Gymraeg. Profwyd gan anthropolegwyr hefyd fod yr hen ffordd o fyw yn parhau ym mhellafion y penrhyn. Wrth gwrs, ymladdwyd y frwydr hon eisoes, sef yn achos ysgol fomio Penyberth yn y 1930au. Y pryd hwnnw honnodd Saunders Lewis fod Llŷn ac Eifionydd 'yn gysegredig Gymreig ac yn arbennig yn holl hanes Cymru':

> I ni y mae traethau dihalog Llŷn, Ynys Enlli, a Ffordd y Pererinion yn ddaear sy'n llawn mor santaidd ag yw Holy Island i Saeson Northumbria ... bu bywyd gwledig Llŷn a Chymreigrwydd pur y fro a'i thraddodiad llenyddol cyfoethog yn rhan o gadernid yr iaith Gymraeg. Yno, o leiaf, gellid tybio hyd yn ddiweddar iawn fe gedwid purdeb yr iaith Gymraeg er gwaethaf pob cyfundrefn addysg estron. Tra byddai Llŷn yn Gymraeg ni ddarfyddai am genedl y Cymry.

Tybiai Pwyllgor Amddiffyn Llŷn fod y bygythiad diweddaraf yr un mor ddifrifol, a datganwyd yr ofn hwn mewn llythyr a gyhoeddwyd yn y *Manchester Guardian* (a llu o bapurau eraill):

> We most strongly feel that our mode of life, our traditions in this part of North Wales, and our traditional attitude towards such matters as drink, Sunday trading etc., all have a bearing on the matter and should be taken into consideration... To the Welshman, whether at home or abroad, Meirion and Môn, Lleyn and Eifionydd are a sanctuary and a focal point for his deepest patriotism.

Ofnai'r pwyllgor fod Cymru eisoes yn 'dadfeilio' dan bwysau 'ymdreiddiad di-baid' gan 'elfennau goresgynnol', ac yr oedd rhai aelodau o'r Cyngor Sir hefyd yn ofni 'the constant pressure and penetration of foreign elements into the very heart and life of our country... It has penetrated into the very heart of Eryri, into small farms bought and occupied by English people... This constant penetration means great danger to posterity'. Yr oedd daearyddiaeth Cymru yn llai abl i amddiffyn y diwylliant Cymraeg nag erioed o'r blaen.

Ond gan J. E. Daniel y cafwyd y dehongliad mwyaf apocalyptig. Bu Penrhyn Llŷn, meddai, yn brif gonglfaen diwylliant Cymru er i'r Gwyddelod gael eu taflu allan yn y bumed ganrif. Oddi ar hynny magwyd rhai o lenorion gorau'r genedl gan y gymdeithas a fodolai yno. Yr oedd Llŷn, felly, yn un o brif amddiffynfeydd a chronfeydd y diwylliant gwledig a oedd wedi brwydro yn erbyn anfanteision rhyfeddol. Ond, yn sgil sefydlu gwersyll Butlin's, yr oedd y parhad diwylliannol hwn yn wynebu 'trobwll o bleser mecanyddol a fuasai'n llyncu bywyd Llŷn'. Rhagwelai Daniel sefydlu peiriant a fyddai'n cynhyrchu pechodau moesol ac yn graddol ddinistrio'r ardal o'i gwmpas: '[a] vortex, whirling ever more quickly, and it will tend, because of its size, because of its unmanageability, because of its unabsorbability, to suck into itself all the things that we now regard as valuable in this land of ours'. Gwersyll Butlin fyddai'r uned fwyaf ei phoblogaeth yn Llŷn a byddai diwylliant y gwersyllwyr yn gwbl anghydnaws â gwerthoedd diwylliannol gwerin-bobl Cymraeg eu hiaith. Meddai Daniel am y gymdeithas frodorol glòs: 'Culture, religion and life . . . are all intertwined; the warp and weft are very closely joined, and any interference with the unity and homogeneity and the organic wholeness of that sort of society is going to produce terrible effects in all sorts of directions'. Ar ôl i Abercrombie a Williams-Ellis ddwyn perswâd arno, dywedodd Butlin y byddai'n lleddfu effeithiau esthetig y gwersyll drwy blannu 20,000 o goed, ond, yn ôl J. E. Daniel, 'We prefer the twenty thousand saints which our tradition says are buried at Bardsey Island, and what they stand for, to the twenty thousand trees Mr. Butlin is going to put in the camp!'

Lleisiwyd ofnau pellach gan fudiadau crefyddol. Rhagwelai nifer ohonynt fygythiad difrifol i fywyd moesol yr ardal gan 'gay Viennese nights', 'dungeon bars', a chystadlaethau 'knobbly knees' a 'bathing beauties' ar brynhawn Sul. Mynegodd Undeb Annibynwyr Gogledd Cymru ei ofn ynghylch y 'peryglon cynyddol a di-angen i safonau moesol a chrefyddol yn sgil sefydlu gwersyll o'r math yma'. Unodd yr enwadau i erfyn ar y cwmni i gwtogi gweithgareddau'r gwersyll ar ddydd Sul rhag ofn i ruddin moesol y boblogaeth leol wanhau a rhag i'r boblogaeth gael ei llygru. Yn sgil cyfres o gyfarfodydd enwadol a gynhaliwyd yn gynnar ym 1944, honnodd Pwyllgor Amddiffyn Llŷn fod 17,000 allan o'r 20,000 o oedolion yn Llŷn yn gwrthwynebu sefydlu gwersyll Butlin's. Yn wyneb yr honiadau hyn ceisiodd Butlin leddfu'r dyfroedd. Cyhoeddodd hysbysebion yn y wasg leol yn ymdrin â'r cwynion moesol a'r ofnau economaidd, a mynegodd ei barodrwydd i sefydlu pwyllgor llywio a fyddai'n cynnwys 'gwŷr a gwragedd o'r safonau

The Holiday Camp

THE QUESTION OF MORALS

A Statement by Messrs. Butlins

The following facts are repeated for the benefit of the public interested.

1. Butlins Ltd. have publicly given the following undertakings six months ago:—
   a. That there will be no organised games on Sundays.
   b. That there will be no entertainments of any kind on Sundays, except such as sacred concerts.
   c. That the law as to sale of drink on Sundays in Wales and at all times will be strictly observed, and that no drunkenness will be tolerated.
   d. That no drink will at any time be sold in the camp to local people.
   e. That there will be regular religious services every Sunday in the camp, and Sunday worship will be an important feature of the camp.

2. In order to be on friendly terms with their neighbours Butlins Ltd. have already publicly invited local religious leaders to form a committee to satisfy themselves and the public that the above undertakings are carried out and also to ensure that the camp is carried on in a proper and orderly manner consistent with the moral and cultural traditions of Wales.

3. As the Company realise that many religious leaders and others may not be aware of the above facts or may have lost sight of them they take this opportunity of renewing their offer and once more inviting the friendly co-operation of those concerned.

4. Three-quarters of the visitors to Butlins Camps are families with children. There has never been any complaint from any religious or other responsible authority about any of Butlins other camps, and had there been any, the opponents of the camp would have published it.

27 Hysbyseb a gyhoeddwyd gan Gwmni Butlin's yn y *Caernarvon and Denbigh Herald*, 12 Mai 1944.

moesol uchaf'. Ond yr oedd tîm cyfreithwyr Butlin yn llai parod i gydweithredu ac ymosododd un ohonynt ar gyntefigrwydd honedig y Cymry. Cyhuddodd un gohebydd weinidogion yr efengyl o geisio ailsefydlu grym sefydliadau crefyddol dros y werin-bobl, fel y gwnaed yn yr Oesoedd Canol. Ac meddai gohebydd arall: 'a parade of bathing belles, to them, is fraught with moral danger . . . The twin gods of rural Wales have been, for too long, respectability and Sunday observance'. Honnodd hefyd fod moesoldeb gweinidogion Ymneilltuol yn bur fregus oherwydd 'ministerial students in general are regarded by their fellow students of the University of Wales as the filthiest minded section of the college community'!

Ond y ddadl fwyaf grymus, o bosibl, oedd y galw am ddatblygiad *cenedlaethol* i Gymru – hynny yw, y dylai pob penderfyniad cynllunio a datblygiad economaidd fod yn seiliedig ar undod gwleidyddol, economaidd a daearyddol Cymru ac yn ei gryfhau. Mewn hysbyseb arall yn y wasg honnodd Butlin y byddai ei wersyll yn diogelu ffyniant economaidd ac amaethyddol yr ardal. Byddai arno angen 12,000 o wyau, chwe thunnell o datws, a 400 galwyn o laeth bob wythnos yn ystod misoedd yr haf. Bwriadai gyflogi 500 o staff drwy'r flwyddyn a 1,000 yn ystod yr haf, nifer ohonynt – gobeithiai – yn gyn-filwyr anabl. Ond mynnai'r gwrthwynebwyr na fyddai'r fath ddatblygiad yn fynegiant o Gymru newydd, hunanhyderus yn y blynyddoedd wedi'r rhyfel. Mynegai eraill eu hofnau ynghylch safon y swyddi a gynigid gan Butlin, gan awgrymu – ar yr un gwynt – fod lle i ddrwgdybio moesoldeb twristiaeth. Yr oedd 'Celt' yn ddeifiol ei farn yn y *Liverpool Daily Post*:

> Personally I dislike the assumption that we are content to be a nation of entertainers, of waiters and waitresses. There are other lines along which Wales should develop and ensure her prosperity, and her first duty is to her

agriculture and its concomitant industries. Also, our nationality is as important to us as that of the Norwegian to the Norwegians or that of the Greeks to the Greeks. It sounds an elementary thing to say, but . . . there are quite a number of people who do not understand it.

Yr oedd J. E. Daniel yntau o'r farn y dylid 'manteisio ar y cyfle i sicrhau gwell a chysonach waith i enethod Llŷn na handio platiau i estroniaid boliog ym misoedd yr haf'! Golygai cynllun Butlin, hefyd, fod cwmni preifat monopolistig yn ennill hawl gan lywodraeth Brydeinig i reoli rhan o dir Cymru. Credai Griffith Evans, aelod o Blaid Genedlaethol Cymru, y byddai'r cynllun yn rhoi:

> privilege and property once more in the saddle. We look in vain for signs of the co-operation principle, of profit sharing or of the motive of service. The charge of £5 per week per head puts the camp out of reach of the large majority of those who have sweated and bled to make Wales safe for the rest of us, and to whom Mr. Butlin makes such moving references.

Ofnid y byddai monopoli Butlin's yn treiddio drwy'r gymuned a'r economi leol, gan eu tanseilio a'u gwneud yn ddibynnol. Meddai'r Pwyllgor Amddiffyn (gan adlewyrchu gofidiau Thomas Jones, efallai): 'If the government really desires national unity, would it not be wise to prevent the Departments goading the Provinces into opposition by acts such as this transaction?' Credai nifer hefyd nad oedd y rheidrwydd ar gwmni preifat i ennill elw yn y tymor byr yn creu amgylchedd digon sicr i fusnesau lleol gyfiawnhau buddsoddiad tymor-hir er mwyn ateb y galw cynyddol am gynnyrch. Addewidion ffug, felly, a geid gan Butlin. Yn eu pamffled *Gwersyll Llŷn: Monopoli Cyfalafol neu Wasanaeth Cymdeithasol*, dadleuodd Pwyllgor Amddiffyn

Llŷn y byddai'n rhaid dewis rhwng gwersyll gwyliau moethus i'r sawl a allai fforddio talu pum punt y pen neu fenter gydweithredol er budd y cyhoedd. Mewn llythyr a anfonwyd at Herbert Morrison, Gweinidog Cynllunio Gwlad a Thref, dadleuodd y Pwyllgor fod y gwersyll yn rhan o frwydr ehangach rhwng y rhai a weithredai er lles y gymdeithas a'r rhai a oedd yn chwennych cyfoeth a grym.

Yn ogystal â gwrthwynebu cynllun Butlin, paratôdd Pwyllgor Amddiffyn Llŷn gais am yr hawl i wneud defnydd gwahanol o'r adeiladau. Yr oeddynt yn dymuno gweld sefydliad newydd a fyddai'n cynnwys coleg preswyl i blant ysgol, coleg hyfforddi athrawon, cartref preswyl i fil o gleifion adferol, a choleg technegol i ddatblygu sgiliau'r boblogaeth leol. Gellid defnyddio'r gwersyll ar gyfer gwyliau ieuenctid yn yr haf a thros y Nadolig, neu gallai hyd yn oed Butlin's ei hun gael ei ddefnyddio yn ystod misoedd yr haf yn unig. Dadleuwyd y gellid denu 4,000 o bobl i'r gwersyll drwy'r flwyddyn yn y modd hwn ac y gellid creu 1,000 o swyddi drwy'r flwyddyn. O ganlyniad, sicrheid tecach ac amgenach sail i ddatblygiad economaidd ac amaethyddol yr ardal. Eisoes mynegwyd cefnogaeth frwd i'r cyfuniad hwn o addysg, twristiaeth, diwydiant a lles gan weithwyr cymdeithasol ledled Cymru, yn ogystal â chan grwpiau lles y glowyr, gan aelod o'r Bwrdd Masnach, a chan Ifan ab Owen Edwards. Rhagwelai 'Celt' y byddai'r cynllun cydweithredol hwn yn rhan o'r Gymru newydd yn y dyfodol: 'a new orientation . . . a new view of Wales and of what it should be – self-reliant, self-respecting, enterprising, and trusting to its own energies and initiative'. Yn hyn o beth yr oedd yn rhan o broses ehangach o ailddychmygu Cymru ar ôl yr Ail Ryfel Byd, proses a oedd hefyd yn golygu atgyfodi hen gynlluniau megis ffordd i uno de a gogledd. Yr oedd yn enghraifft, felly, o ddatblygiad cenedlaethol yn uno tiriogaethau. Pleidiwyd y gwersyll newydd arfaethedig gan y *Western Mail*:

28 Golygfa o'r awyr o Wersyll Gwyliau Pwllheli.

> If Mr. Butlin can face the purchase price for the sake of holiday amenities, and the material profits accruing therefrom, surely Wales has the imagination and courage to face it for the sake of intensifying and deepening its system of education with all the social benefits accruing in the way of health, initiative, fellowship and public spirit. There is another inestimable benefit – the unification of Wales and the consequent marriage of North and South Wales, too often thought of as apart.

Yn araf deg trodd y cyhoedd yn erbyn Butlin. Yn isetholiad Bwrdeistrefi Caernarfon ym mis Ebrill 1945 enillodd ymgeisydd y Rhyddfrydwyr yn rhwydd, ond cafodd J. E. Daniel, ymgeisydd Plaid Genedlaethol Cymru ac aelod blaenllaw o Bwyllgor Amddiffyn Llŷn, 7,000 o bleidleisiau, sef 25 y cant o'r bleidlais. Bu ei wrthwynebiad i Butlin's yn rhan allweddol o'i ymgyrch. (Yn yr Etholiad Cyffredinol ym mis Gorffennaf 1945 enillodd y Ceidwadwr David Price-White a chwalwyd pleidlais y Blaid Genedlaethol.) Erbyn Hydref 1945 honnai'r Pwyllgor fod 64 o awdurdodau lleol drwy Gymru gyfan yn anghymeradwyo cynllun Butlin's. Yn ôl eu hamcangyfrif hwy, golygai hynny fod 90 y cant o'r Cymry yn gwrthwynebu'r cynllun! O ganlyniad, galwodd y Blaid Seneddol Gymreig am ymchwiliad cyhoeddus, gan gyfeirio at yr 'extraordinary change ... in public opinion'. Galwai Cyngor Sir Caernarfon, a oedd eisoes wedi diddymu'r caniatâd cynllunio a gawsai Butlin, hefyd am ymchwiliad. Yn ôl un cynghorydd, yr oedd yr ardal yn etifeddiaeth genedlaethol: 'Are we going to sell our birthright for a mess of pottage presented to us by Mr. Butlin on a gilded platter?'

Ar yr wyneb, felly, yr oedd sail genedlaethol gref i'r gwrthwynebiad, a hawl y Cymry dros eu tir yn ganolbwynt iddi. Ond yn ystod ei ymweliad â gogledd Cymru ym mis Medi 1945 pwysleisiodd Lewis Silkin, gweinidog newydd yng ngweinyddiaeth cynllunio gwlad a thref, nad oedd y cyfryw hawliau cenedlaethol yn bodoli. Nid oedd Cymru yn perthyn i'r Cymry, meddai, yr oedd yn perthyn i boblogaeth gyfan Prydain Fawr. Tynnai'r farn hon yn gwbl groes i'r synnwyr daearyddol o undod cenedlaethol a oedd wedi datblygu'n raddol. Ond trefnodd Silkin gynhadledd gyhoeddus anffurfiol i'w chynnal yn Neuadd y Dref Pwllheli ym mis Chwefror 1946 er mwyn arolygu'r amrywiol safbwyntiau. Cyn y gynhadledd gorymdeithiodd dros gant o gyn-filwyr drwy'r dref yn cario baneri yn datgan 'Amddiffynfa Gorau Llŷn – Gwersyll Butlin's', 'Dôl! Na, rhowch i ni Butlin', a 'W. E. Butlin – Asgwrn Cefn y Gweithiwr'. Ar ôl cyrraedd y neuadd ac ymuno â'r gynulleidfa, gwaeddasant 'We want Butlin'! Drwy gydol y cyfarfod gwatwarwyd Pwyllgor Amddiffyn Llŷn, ond cymeradwywyd araith Moelwyn Hughes – cyn aelod seneddol Llafur a bargyfreithiwr Butlin. Wrth iddo restru fesul un y buddiannau economaidd a ddeilliai o'r gwersyll bloeddiwyd 'hear, hear'. Ymosododd eraill ar Bwyllgor Amddiffyn Llŷn a'u galw yn gelwyddgwn ac yn Biwritaniaid. Ymddangosodd Clough Williams-Ellis ar ran pwyllgor cynllunio'r Cyngor Sir a'r CPRW, ond nid oedd gan aelodau'r mudiad cadwraethol achos i ddiolch iddo. Er iddo gyfaddef nad oedd cynllun y gwersyll yn arbennig o hardd ac nad oedd yr adloniant yn arbennig o addysgiadol, ni allai weld bod unrhyw ddewis arall. Yr oedd yn hanfodol, meddai, fod Cymru yn darparu lleoliadau i ateb y galw am wyliau glan môr. Yn wir, dadleuodd y gellid ystyried gwersyll Butlin's yn wasanaeth cymdeithasol ynddo'i hun. Y siaradwr olaf oedd J. E. Daniel; dadleuodd ef yn frwd yn erbyn cyrch Butlin, gan dynnu'n drwm ar y darlun cyfarwydd o barhad diwylliannol yr ardal. Apeliodd ei gefnogwyr ef ar i bobl Pwllheli estyn croeso i blant o'r cymoedd glofaol i wersyll preswyl cenedlaethol. Yn y modd hwn, gallai enw Glyndŵr (H.M.S. Glendower oedd yr enw a roddwyd ar y gwersyll gan y Morlys) unwaith eto fod yn symbol o undod cenedlaethol.

Ymhen mis cyhoeddodd Lewis Silkin nad oedd unrhyw wrthwynebiad o ran cynllunio i wersyll Butlin's. Cafwyd ymateb sydyn. Trefnodd maer Pwllheli fod y Ddraig Goch yn chwifio uwchben neuadd y dref, ond yr oedd yn well gan y Lleng Brydeinig chwifio Jac yr Undeb. Ond er bod trigolion Pwllheli (neu rai ohonynt) yn dathlu, yr oedd yr hen ofnau a drwgdybiaethau mor fyw ag erioed. Ofnai Cecily Williams-Ellis y byddai torfeydd dinesig a soffistigedig Butlin yn gweddnewid yr ardal i fod yn 'swbwrbia gwyliau', a honnodd y *Manchester Guardian* nad oedd safle gerllaw parc cenedlaethol arfaethedig Eryri yn lle delfrydol i agor gwersyll a fyddai'n darparu gwyliau ar gyfer miloedd bob wythnos. Yn nhyb cenedlaetholwyr, yr oedd y llywodraeth Lafur wedi 'Butlineiddio' Penrhyn Llŷn: 'One of the last bulwarks of Welsh tradition has been thrown to the dogs. Profits made at this camp will be spent in Piccadilly

29 Cartŵn yn portreadu Billy Butlin a'i fwtler Moelwyn (Moelwyn Hughes) yn saethu Dewi Sant (*Y Ddraig Goch*, cyfrol 15, 1946).

rather than be ploughed into the planned development of one of the truest Welsh areas . . . This forms the strongest possible argument for self-government.' Mynegwyd y farn genedlaethol gan gartŵn a gyhoeddwyd yn *Y Ddraig Goch*. Gwelir Butlin 'sbifaidd', y tu ôl i fonet car du moethus, yn sefyll ar un o draethau unig, hardd Llŷn, a photeli gwag o'i gwmpas yn symbol o fateroliaeth ac anfoesoldeb. Y mae'n gorchymyn i'w fwtler gwasaidd Moelwyn (Moelwyn Hughes, wrth gwrs) roi bwled arall iddo ar gyfer ei ddryll. Eu hysglyfaeth yw'r ffigur barfog Dewi Sant sydd, ar ôl cael ei anafu'n angheuol gan fwled cyntaf Butlin, yn syrthio'n gelain ar y tywod. Yr oedd y neges yn amlwg, sef bod Cymreictod ei hun wedi ei llofruddio yn ei noddfa olaf.

Ceir atsain o'r weledigaeth hon yn y ffilm arloesol *Yr Etifeddiaeth* (1949). Olrheinia'r sylwebydd, y bardd Cynan, hanes Freddie Grant – 'evacuee' o Lerpwl a swynwyd gan fywyd gwledig a diwylliant cynhenid Llŷn. Cawn ddarlun o barhad diwylliannol ac o draddodiad a oedd wedi ei blethu i'r tirlun ac wedi gwrthsefyll pob newid o'r tu allan. Ond daeth twristiaeth ac, yn ei sgil, fewnlifiad ar raddfa na ellid ei gymathu mwyach. Yr oedd y goresgynwyr twristaidd newydd wedi cyrraedd cadarnleoedd Eryri a chyrion pellaf Pen Llŷn. Ond yr oedd yr ymwelydd diweddaraf – gwersyll Butlin's – yn fwy na'r gaer ar ben Tre'r Ceiri, yn fwy lliwgar na dinasoedd Cantre'r Gwaelod, ac yn fwy gorlawn na'r Eisteddfod Genedlaethol. 'Y gwersyll wrth ochr y capel. Mae'r sialenswyr wedi dod wyneb yn wyneb', meddai'r llais, wrth i'r camera ddangos merched yn gwenu ar gefn beiciau, gêm bolo ddŵr yn y pwll nofio, gorymdaith 'bathing beauties' a chapel yn y cefndir. Yna, y mae'r camera yn symud o'r torfeydd yn Butlin's i'r ychydig rai sy'n ymgynnull y tu allan i'r capel ar fore Sul, sef y ffyddloniaid sy'n ymgynnull i ddiogelu eu hetifeddiaeth. Y mae'r ffilm yn gorffen drwy ddangos yr haul yn machlud dros draeth unig a, thrwy oblygiad, dros ddiwylliant Penrhyn Llŷn.

30 Hysbyseb a ymddangosodd yn *Y Cymro*, 11 Ebrill 1947.

Er bod tystiolaeth fod y gwersyll wedi ei gymathu rhywfaint i fywyd yr ardal oddi ar yr Ail Ryfel Byd, bu'n destun dadlau tanbaid ar y pryd. Bu'n fodd i amlygu'r ansicrwydd a fodolai ymhlith cynllunwyr, penseiri a'r mudiad cadwraeth ynglŷn â sut i drin y broblem o adeiladu ar lan y môr a sut i ddarparu ar gyfer y galw cynyddol am hamdden a gwyliau yng nghefn gwlad. Amlygwyd rhwyg rhwng y blaengar a'r amddiffynnol, ynghyd ag agwedd gyffredinol y blaid 'amddiffynnol' at y dosbarth gweithiol.

Profwyd hefyd fod y dychymyg daearyddol yn dal yn gryf yng Nghymru, er gwaethaf moderneiddio, a bod mannau gwledig fel Penrhyn Llŷn yn dal i chwarae rhan bwysig yn nadansoddiad rhai o nodweddion diwylliannol y genedl a'r bygythiadau a oedd yn ei hwynebu. Gwelwyd yr 'ymosodiad' hwn ar un rhan fechan o arfordir Llŷn fel ymosodiad ar fersiwn o'r genedl Gymreig gyfan. Yn olaf, yr oedd presenoldeb y gwersyll a'i ddefnydd arfaethedig yn arddangos diffyg pwerau cenedlaethol Cymru mewn cyfnod pan oedd llu o benderfyniadau eraill yn tanseilio statws cenedlaethol ei thiriogaeth. Er yr holl alw am ganlyniad a fyddai'n uno'r sectorau cyhoeddus a phreifat, diwydiannol ac amaethyddol, gogledd a de y genedl, parhau yn nwylo cwmni preifat a wnaeth y gwersyll.

Ar y llaw arall, credai Billy Butlin fod ganddo gyfle euraid i addysgu'r bobl: 'we shall appeal to thousands who have never been to Wales before and who will appreciate not only the wonderful scenery, but also the thrill of living in a country where the people, language, and customs are new to them'. Tra gwahanol oedd dadansoddiad un gohebydd o'r weledigaeth hon: onid 'noble savages' fyddai pob Cymro a Chymraes a gyflogid yn y gwersyll?:

> [Butlin] thinks that when people go to Wales . . . they want a Welsh atmosphere, and he means to see they get it. There will be real Welsh men and women to provide the service at the Caernarvonshire camp, for instance, and Welsh boatmen on the beach hiring out their own boats. The camp will have its own chapel, just as Skegness has its own church.

Dengys hysbyseb gynnar nad oedd gan y cwmni unrhyw ddealltwriaeth soffistigedig o Gymru nac o Gymreictod, a gwawdiwyd ymdrech ddiweddarach Butlin i alw gorsaf rheilffordd Penychain yn 'Penny Chain'.

DARLLEN PELLACH

Gerald Dix, 'Patrick Abercrombie, 1879–1957', *Pioneers in British Planning*, gol. Gordon Cherry (Llundain, 1981).

Pyrs Gruffudd, 'Remaking Wales: Nation-Building and the Geographical Imagination, 1925–50', *Political Geography*, 14, rhif 3 (1994).

Pyrs Gruffudd, '"Propaganda for Seemliness": Clough Williams-Ellis and Portmeirion, 1918–1950', *Ecumene*, 2 (1995).

Pyrs Gruffudd, 'Yr Iaith Gymraeg a'r Dychymyg Daearyddol', *'Eu Hiaith a Gadwant'?: Yr Iaith Gymraeg yn yr Ugeinfed Ganrif*, goln. Geraint H. Jenkins a Mari A. Williams (Caerdydd, 2000).

C. E. M. Joad, *The Untutored Townsman's Invasion of the Country* (Llundain, 1946).

David Matless, '"The Art of Right Living": Landscape and Citizenship, 1918–39', *Mapping the Subject: Geographies of Cultural Transformation*, goln. Steve Pile a Nigel Thrift (Llundain, 1995).

Rex North, *The Butlin Story* (Llundain, 1962).

James Walvin, *Beside the Seaside: A Social History of the Popular Seaside Holiday* (Llundain, 1978).

Colin Ward a Dennis Hardy, *Goodnight Campers: The History of the British Holiday Camp* (Llundain, 1986).

Clough Williams-Ellis, *Architect Errant: The Autobiography of Clough Williams-Ellis* (Portmeirion, 1980).

'A VERY ORDINARY, RATHER BARREN VALLEY': ARGYFWNG TRYWERYN A GWLEIDYDDIAETH YR AMGYLCHEDD YNG NGHYMRU

Owen Roberts

Ni ddylid difrodi harddwch digymar ein gwlad gyda'r cynlluniau hyn. Y mae'r harddwch hwn yn rhan o dreftadaeth genedlaethol y genedl Gymreig, yn un o'r dylanwadau nobl a foldiodd gymeriad arbennig ein cenedl, yn un o'r dylanwadau sydd o hyd yn moldio ac yn cynnal cymeriad ein cenedl.

Trydan heb Ddifrod

O'i gymharu â'r helynt ym 1923, pan fu ymgais i foddi Dyffryn Ceiriog, neu hanes adeiladu argaeau Efyrnwy ac Elan tua diwedd y bedwaredd ganrif ar bymtheg, y mae'r hyn a ddigwyddodd yn Nhryweryn yn niwedd y 1950au yn bur gyfarwydd a cheir rhai astudiaethau gwerthfawr o'r *cause célèbre* hwnnw. Ond er mor ddiddorol yw gwaith awduron megis Owain Williams, Watcyn L. Jones a Gwynfor Evans, y mae'n wendid yn hanesyddiaeth ein cenedl na chafwyd astudiaethau trylwyr, amlochrog a gwrthrychol o helynt sydd mor bwysig yn hanes datblygiad gwleidyddol Cymru yn yr ugeinfed ganrif. Mewn erthygl a gyhoeddwyd yn ddiweddar yng *Nghylchgrawn Cymdeithas Hanes a Chofnodion Sir Feirionnydd*, ychwanegodd John Davies gryn dipyn at ein dealltwriaeth o'r cecru a fu yn rhengoedd Plaid Cymru ac o ganlyniadau gwleidyddol tymor-hir boddi Tryweryn, a gwyddys bod Einion Thomas wrthi'n ymchwilio i'r doreth o ddeunydd a geir yn Archifdy Meirionnydd. Ond erys nifer o gwestiynau heb eu hateb. Er enghraifft, sut y dylid trafod argyfwng Tryweryn yng nghyd-destun ehangach hanes cynlluniau dŵr yng Nghymru? A oes tebygrwydd rhwng profiad y Cymry o wleidyddiaeth dŵr a phrofiad cenhedloedd eraill? Pa ffactorau a oedd wrth wraidd ymateb y gwahanol bleidiau gwleidyddol i'r cynlluniau, a beth oedd ymateb gwahanol haenau o'r gymdeithas yng Nghymru?

Yn ei erthygl, y mae John Davies yn nodi un gwahaniaeth trawiadol rhwng y dadlau a fu adeg Tryweryn ac ymateb y rhai sy'n gwrthwynebu cynlluniau dŵr mewn amryw o wledydd yn ein hoes ni, sef y ffaith na chafwyd nemor ddim trafodaeth gyhoeddus ynglŷn ag effeithiau amgylcheddol y cynllun:

> Y ddadl na chlywyd mohoni bron o gwbl oedd honno y byddem heddiw yn ei alw'n ddadl ecolegol.

Ymddengys fod effaith amgylcheddol cynllun Tryweryn yn ffactor ymylol iawn yn y dadleuon a ddefnyddiwyd gan Bwyllgor Amddiffyn Capel Celyn, ac felly hefyd yn nhrafodaethau Cyngor Sir Meirionnydd ar y mater. Y mae'n wir, serch hynny, fod effaith y gronfa newydd ar brydferthwch yr ardal yn un ymhlith nifer o ystyriaethau a drafodwyd gan yr is-bwyllgor arbennig a benodwyd gan y Cyngor Sir i ymdrin â phwnc Tryweryn. Gofynnwyd hefyd am adroddiad ar y pwnc gan arbenigwr ar gynllunio gwledig, Syr Patrick Abercrombie, a chynghorwyd aelodau'r Cyngor gan eu cyd-bwyllgor ar y Parc Cenedlaethol i wrthwynebu'r cynllun ar sail gadwraethol. Ond nid oes tystiolaeth fod yr ystyriaethau hyn wedi bod o bwys mawr wrth i'r Cyngor Sir benderfynu ar ei agwedd at gynlluniau Lerpwl, ac ni roddwyd fawr o sylw i unrhyw ddadl amgylcheddol yn ei ddeiseb seneddol.

Dengys astudiaeth o'r dwsinau o lythyrau protest a anfonwyd gan sefydliadau, cymdeithasau ac unigolion yng Nghymru at Gorfforaeth Lerpwl fod pobl yn poeni am yr effaith a gâi boddi Cwm Tryweryn ar yr amgylchedd. Yn eu plith ceid nifer o lythyrau oddi wrth bobl a fu'n ymweld ag Eryri ar eu gwyliau yn dadlau o blaid diogelu harddwch yr ardal. Dywedodd gŵr o Awstria, er enghraifft, fod tirlun Cwm Tryweryn cyn brydferthed ag unrhyw lecyn yn ei wlad enedigol, ac yn ôl un ymwelydd o Lundain:

> The beauty of north Wales is greatly appreciated by visitors from all over the world... As an area of exceptional beauty, north Wales is of immeasurable value to Britain, where all too much land is being swallowed up by ill-conceived industrial capacity.

Anfonwyd llythyr cyffelyb gan Janet Rawnsley, merch yr ymgyrchydd cadwraethol nodedig, Canon Rawnsley. Ond rhoddai mwyafrif y llythyrau, yn enwedig y rhai oddi wrth gymdeithasau llenyddol ac eglwysig, awdurdodau lleol, a

31 Cae Fadog, Capel Celyn, fferm raenus a ffrwythlon a oedd yn eiddo i'r Comisiwn Tir.

grwpiau gwleidyddol, y flaenoriaeth i ffactorau eraill, megis effaith cynllun Tryweryn ar economi Cymru, ar amaethyddiaeth, ac ar fywyd diwylliannol a chrefyddol yr ardal.

Y mae'r diffyg sylw a roddwyd i'r dadleuon amgylcheddol yn syndod, o gofio y byddai cynllun o'r fath yn debygol o effeithio'n sylweddol ar ecoleg a thirlun yr ardal. Y mae'n

32 Dafydd Roberts, Cae Fadog, gŵr a fu'n bostmon rhan-amser yng Nghwm Celyn am dros hanner canrif.

wir na fyddai'n effeithio ar lefel afon Dyfrdwy, gan y byddai'r cynllun yn caniatáu i ddŵr lifo o Lyn Celyn nes iddo gael ei dynnu o'r afon ger Caer. Ond byddai'r cynllun yn golygu newid sylweddol yn y tirlun o fewn terfynau Parc Cenedlaethol Eryri. Byddai dŵr yn cael ei ddargyfeirio o'i gwrs naturiol; byddai'r argae a'r gweithfeydd eraill yn cael effaith andwyol ar bysgod yr afon ac ar fywyd gwyllt Cwm Celyn; a byddai'r gwaith cloddio ac adeiladu yn amharu ar ardal eang am nifer o flynyddoedd.

Rhaid cofio hefyd mor ganolog fu mudiadau a syniadau amgylcheddol yn hanes y gwrthdaro gwleidyddol a gafwyd yn achos sawl cynllun dŵr ym Mhrydain. Er enghraifft, bu cadwraethwyr yn llwyddiannus yn eu hymgyrch i atal ardal Fort William, yn ucheldir yr Alban, rhag cael ei anharddu gan weithfeydd dŵr yn y 1930au. Mor gynnar â'r 1880au ffurfiwyd y Thirlmere Defence Association i brotestio yn erbyn cynlluniau Manceinion i dynnu cyflenwad o ddŵr o un o lecynnau prydferth Ardal y Llynnoedd. Yr oedd y grŵp hwn yn gwrthwynebu adeiladu unrhyw weithfeydd peirianyddol modern yn yr ardal, ac y mae rhai haneswyr o'r farn fod yr helynt wedi bod yn ysgogiad i sefydlu'r Ymddiriedolaeth Genedlaethol ym 1895. Bu dadlau brwd hefyd ynghylch bwriad dinas Manceinion i dynnu cyflenwad o Ullswater a Haweswater yn y 1960au, unwaith eto ar sail y niwed posibl i'r amgylchedd a harddwch naturiol yr ardal. Yn ogystal, defnyddiwyd dadleuon cadwraethol gan Gymry amlwg ym 1923, pan fygythiwyd Dyffryn Ceiriog gan gynlluniau dŵr tref Warrington. Traddododd Lloyd George araith danllyd yn Nhŷ'r Cyffredin yn erfyn ar y llywodraeth i arbed y dyffryn hardd rhag cael ei ddifetha, a chyhoeddwyd pamffled propaganda grymus yn erbyn y cynllun gan Syr Alfred T. Davies. Erfyniodd 'am gynhorthwy pawb a gâr oreu bywyd a golygfeydd Cymru i achub dyffryn prydferth Ceiriog o ddwylo'r anrheithwyr'.

Ond o edrych yn fanylach ar y dystiolaeth ynglŷn â

helynt Tryweryn, ac yn enwedig ar gofnodion y grwpiau protest amgylcheddol a fodolai yng Nghymru, gellir canfod agwedd amgylcheddol i'r ddadl. Rhaid ceisio esbonio, felly, paham na fu mudiadau amgylcheddol yn fwy blaenllaw yn yr helynt, ac ymhelaethu hefyd ar yr agweddau diddorol at yr amgylchedd a chadwraeth a oedd yn ymhlyg yn syniadau nifer o'r rhai a brotestiai yn erbyn y boddi. Drwy astudio argyfwng Tryweryn o safbwynt amgylcheddol, gellir darganfod agweddau diddorol ac annisgwyl ynglŷn â gwleidyddiaeth amgylcheddol yng Nghymru. Ymateb y grwpiau amgylcheddol neu gadwraethol, felly, fydd prif ffocws yr ysgrif hon. Rhaid bod yn ofalus iawn wrth ddefnyddio'r termau hyn oherwydd gallant gyfleu syniadau gwahanol. Hyd heddiw ceir dadleuon ynglŷn ag union ystyr termau megis 'cadwraeth', 'tirlun', ac 'amgylchedd'. Fel y dywed Gareth Wyn Jones a David White:

> It does not require a background in linguistic philosophy or sympathy for post-modern deconstruction to realize that the terms 'environment', 'landscape' and 'countryside' are ascribed many different meanings by individuals under varying circumstances.

Yn wir, bydd gwahanol syniadau ynglŷn â diogelu'r amgylchedd a'r tirlun yn allweddol i'r dehongliad a gyflwynir isod, ac y mae'n debyg y gwneir defnydd helaethach o'r gair 'cadwraethol' (conservationist) nag o'r gair 'amgylcheddol' (environmentalist).

Er cyfeirio at yr Ymddiriedolaeth Genedlaethol a rhai grwpiau eraill o bryd i'w gilydd, bydd yr astudiaeth hon yn canolbwyntio yn bennaf ar ymateb Ymgyrch Diogelu Cymru Wledig (Campaign for the Protection of Rural Wales) i'r argyfwng, gan dynnu'n helaeth ar y casgliad eang o bapurau'r ymgyrch sydd yn Llyfrgell Genedlaethol Cymru. Gan fod y mudiad yn tueddu i newid y ffurf Gymraeg ar ei enw yn bur aml yn y cyfnod dan sylw, defnyddir enw Cymraeg cyfoes y CPRW trwy gydol yr ysgrif hon er mwyn osgoi unrhyw ddryswch. Gwneir ymgais hefyd i gymharu agweddau'r mudiadau hyn â rhai o syniadau amgylcheddol y grwpiau a oedd yn flaenllaw yn yr ymgyrch yn erbyn cynlluniau Lerpwl, a chymherir yr helynt ag enghreifftiau eraill o wleidyddiaeth amgylcheddol yng Nghymru a thu hwnt er mwyn gosod y weithred o foddi Capel Celyn mewn cyd-destun hanesyddiaethol ehangach.

Bu'r wasg Gymreig yn lled awgrymu trwy gydol 1955 fod Corfforaeth Dinas Lerpwl yn archwilio safleoedd yng Nghymru am fod y cyflenwad dŵr o Lyn Efyrnwy bellach yn annigonol. Pryder pennaf Ymgyrch Diogelu Cymru Wledig ac eraill oedd y posibilrwydd o adeiladu argae a fyddai'n boddi rhan o bentref Dolanog, ond ar 20 Rhagfyr penderfynodd Pwyllgor Dŵr y ddinas mai Cwm Tryweryn oedd y safle delfrydol ar eu cyfer.

Pan gyfarfu Pwyllgor Gwaith Ymgyrch Diogelu Cymru Wledig ym mis Mawrth 1956 rhoddwyd cryn sylw i'r mater. Gofynnwyd i ysgrifennydd y mudiad wneud ymholiadau pellach ac adrodd yn ôl i'r Pwyllgor, gan roi mwy o fanylion ynglŷn â'r cynllun ac argymell rhai ymatebion neu bolisïau posibl. Ar 10 Ebrill cynhaliwyd cyfarfod rhwng cynrychiolwyr Lerpwl a swyddogion yr Ymddiriedolaeth Genedlaethol, a bu'r Ymddiriedolaeth ac Ymgyrch Diogelu Cymru Wledig mewn cyswllt agos trwy gydol y cyfnod. Yn ogystal, bu mudiadau megis Cyngor Mynydda Prydain a Chyfeillion Ardudwy, ynghyd â chyrff cyhoeddus fel Comisiwn y Parciau Cenedlaethol, yn cysylltu â'i gilydd ac yn trafod sut i ymateb.

Gwnaethpwyd penderfyniad ar y cyd gan arweinyddiaeth Ymgyrch Diogelu Cymru Wledig a'r Ymddiriedolaeth Genedlaethol i gyflogi peiriannydd sifil i'w cynghori ar effeithiau amgylcheddol tebygol cynlluniau llawn Lerpwl a gyhoeddwyd ym Mesur Seneddol Tryweryn. Cyn ailstrwythuro'r diwydiant dŵr ym Mhrydain ym 1973, yr oedd yn ofynnol i ddinasoedd gyflwyno Mesur Seneddol preifat er mwyn cael caniatâd i adeiladu unrhyw gynllun dŵr o faint sylweddol. Y dull cyfansoddiadol o wrthwynebu Mesur o'r fath oedd cyflwyno deiseb a chyflogi twrnai i ddadlau gerbron y Pwyllgor Dethol Seneddol a fyddai'n trafod y Ddeddf arfaethedig gymal wrth gymal. Cyflwynodd y peiriannydd, Sidney Rafferty, ei adroddiad i'r Ymddiriedolaeth Genedlaethol ar 3 Rhagfyr 1956, a thua mis wedi hynny penderfynodd yr Ymddiriedolaeth ac Ymgyrch Diogelu Cymru Wledig dderbyn ei argymhellion a chyflwyno deiseb.

Yn eu deiseb, serch hynny, penderfynodd y mudiadau amgylcheddol beidio â phrotestio yn erbyn cynllun Tryweryn yn ei gyfanrwydd. Yn hytrach, penderfynwyd ceisio dwyn perswâd ar Gorfforaeth Lerpwl i gyflogi ymgynghorydd tirlun wrth gynllunio'r gwaith ac i newid un rhan o'r prosiect yn unig. Yn ogystal â'r argae a'r llyn ei hun, bwriadai Lerpwl adeiladu sianelau neu gamlesi a fyddai'n dargyfeirio dŵr yno o ardaloedd cyfagos er mwyn sicrhau y byddai'r gronfa yn ail-lenwi'n gyflym ac yn effeithiol. Yr oedd tair camlas yn perthyn i'r cynllun gwreiddiol: un a fyddai'n dargyfeirio cyfran o ddŵr afon Caletwr, un arall a fyddai'n rhedeg ar hyd ochr ddeheuol Arennig Fawr, ac un arall a fyddai'n cludo dŵr o ran uchaf Dyffryn Conwy. Cyfyngodd Ymgyrch Diogelu Cymru Wledig a'r Ymddiriedolaeth Genedlaethol eu protest i'r cymalau yn y Mesur a oedd yn ymwneud â'r drydedd gamlas.

Bu'r mudiadau cadwraethol, yn ogystal â chyrff eraill megis Bwrdd Afonydd Gwynedd a Chyngor Sir Caernarfon a brotestiodd ar yr un sail, yn llwyddiannus yn eu protest oherwydd dilëwyd 'Cymalau Conwy', sef y rhannau o'r Mesur a roddai iddynt hawl i dynnu dŵr o'r dyffryn hwnnw, gan awdurdodau Lerpwl. Rhaid pwysleisio nad gwrthwynebiad y cadwraethwyr oedd yr unig reswm dros

33 Map a luniwyd gan Ifor Owen yn dangos maint cynllun gwreiddiol Corfforaeth Lerpwl.

ddileu'r cymalau hyn oherwydd gwyddys bod Lerpwl wedi dod i gytundeb ffafriol â Bwrdd Afonydd Dyfrdwy a Chlwyd a fyddai'n caniatáu i'r ddinas dynnu mwy o ddŵr o afon Dyfrdwy, heb yr angen i ddargyfeirio dŵr o afon Conwy. Ond dichon fod angen esboniad pellach ar agweddau a pholisïau'r mudiadau cadwraethol at foddi Cwm Tryweryn. Wedi'r cyfan, bwriad Lerpwl oedd boddi rhan helaeth o ddyffryn gwledig, gan gynnwys pentref a oedd yn gartref i gymuned amaethyddol draddodiadol. Bwriadai'r ddinas dyllu a chloddio yn yr ardal am fwy na chwe blynedd er mwyn adeiladu argae enfawr o fewn terfynau Parc Cenedlaethol Eryri. Paham, felly, y dewisodd prif fudiadau amgylcheddol Cymru wrthwynebu un rhan fechan o brosiect Lerpwl yn unig ar adeg pan oedd cyfran sylweddol o'r farn gyhoeddus yng Nghymru mor wrthwynebus i'r cynllun? Y mae'r dystiolaeth hanesyddol sydd wedi goroesi yn cynnig rhai atebion ac yn ein galluogi i holi rhai cwestiynau newydd am natur gwleidyddiaeth yr amgylchedd yng Nghymru yn y cyfnod hwnnw ac am hanes argyfwng Tryweryn yn gyffredinol.

Gellid dadlau bod ymateb Ymgyrch Diogelu Cymru Wledig wedi ei gyflyru gan gefndir ac agweddau ei harweinyddiaeth. Yng ngwaith Pyrs Gruffudd ar y mudiad cadwraethol yn y cyfnod rhwng y rhyfeloedd, dadleuir mai un o brif wendidau Ymgyrch Diogelu Cymru Wledig oedd natur a chyfansoddiad cymdeithasol y mudiad. Gan mwyaf, rheolid y pwyllgorau sir yng Nghymru gan dirfeddianwyr, mewnfudwyr, neu rai a chanddynt arbenigedd proffesiynol ym maes cynllunio trefol a gwledig neu ym maes pensaernïaeth, megis Clough Williams-Ellis a'i debyg. O ganlyniad i hyn, yn ôl Gruffudd, parhaodd aelodaeth y mudiad yn fychan ac yn gyfyng, ni lwyddwyd i ddenu llawer o aelodau o blith y Cymry Cymraeg nac o'r dosbarth gweithiol, a bu gwrthdaro rhwng y mudiad a chymunedau lleol. Gallai anawsterau godi, er enghraifft, pryd bynnag y ceisiai'r Ymgyrch wrthwynebu datblygiadau a fyddai'n anharddu'r amgylchedd ond a fyddai hefyd yn creu gwaith.

Nid Cymro a oedd yn rheoli'r mudiad o ddydd i ddydd yn ystod helynt Tryweryn. Oherwydd gwendidau strwythurol ac ariannol nid oedd gan yr Ymgyrch yr adnoddau i gyflogi ysgrifennydd llawn-amser, ac ym 1956 dim ond yn siroedd Caernarfon, Meirionnydd a Morgannwg y ceid cangen sir weithredol. Bu'n rhaid rhannu ysgrifennydd â'r Council for the Protection of Rural England. Syr Herbert Griffin oedd hwnnw ac yr oedd ei swyddfa ef yn Llundain. Dengys dogfennau o'r cyfnod ymhlith casgliad Ymgyrch Diogelu Cymru Wledig yn y Llyfrgell Genedlaethol fod Griffin yn neilltuo tua un diwrnod yr wythnos i ymdrin â materion Cymreig, ac ymddengys ei fod yn ei chael hi'n anodd dygymod â'r holl waith. Serch hynny, y mae Griffin yn ffigur pwysig yn hanes ymateb y mudiad cadwraethol i gynlluniau Lerpwl yn Nhryweryn. Bu ei agweddau ef, ynghyd â syniadau'r cyfeillion y trôi atynt am gyngor, yn allweddol wrth ddiffinio agwedd Ymgyrch Diogelu Cymru Wledig at y pwnc.

Tynnid Griffin i ddau gyfeiriad yn ystod helynt Tryweryn, ac adlewyrchai hynny wrthdaro sylfaenol o fewn rhengoedd Ymgyrch Diogelu Cymru Wledig. Ymddengys fod yr elfennau Seisnig o fewn y gymdeithas yng Nghymru yn parhau i ddylanwadu'n gryf ar bolisïau'r mudiad. Yr oedd i hyn oblygiadau pwysig o ran syniadaeth sylfaenol Ymgyrch Diogelu Cymru Wledig, ac ymhelaethir ar yr agwedd hon isod. Ond y mae'n berthnasol nodi yma ymateb greddfol rhai o'r bobl ddylanwadol hyn at gynllun Tryweryn ac at y gwrthwynebiad a oedd yn codi yng Nghymru.

Yr oedd arweinyddiaeth cangen sir Gaernarfon o'r mudiad, gan gynnwys W. Twiston Davies, W. J. Hemp, ac aelodau o'r teulu Williams-Ellis, yn gryf o'r farn y dylid cyfyngu eu protest i Gymalau Conwy, ac yr oeddynt yn awyddus i ymbellhau oddi wrth brotestiadau o natur

34 Iorwerth C. Peate yn annerch Rali Plaid Cymru ym mis Hydref 1956. Meddai: 'Wrth foddi ardal yng Nghwm Tryweryn y mae darn o Gymreictod yn marw am byth.'

genedlaethol. Yn wir, negyddol iawn oedd agwedd nifer o arweinwyr y mudiad at Bwyllgor Amddiffyn Capel Celyn a Phlaid Cymru. Yn ystod y drafodaeth ar bwnc Tryweryn mewn cyfarfod o bwyllgor gwaith Ymgyrch Diogelu Cymru Wledig yn Amwythig ym mis Mawrth 1956, cofnodwyd bod sawl un wedi mynegi barn gyffelyb i eiddo J. D. K. Lloyd, cyn-ysgrifennydd y mudiad:

> What I am anxious about is that we shall not get lined up with people who say that the water is going to be used by English people in Liverpool.

Yr oedd W. J. Hemp o'r farn na ddylid cymryd gwrthwynebiad cenedlaetholwyr i gynlluniau Lerpwl o ddifrif:

> The sentimental attitude can be ignored as due to the easily aroused, but transient, enthusiasms of some Welsh people, in this case fostered and played upon by noisy and ambitious would-be politicians ... I personally think it most important for CPRW that it should not be involved in these people's activities.

Y mae'n bosibl iawn fod agweddau nifer o arweinwyr Ymgyrch Diogelu Cymru Wledig wedi caledu am fod Plaid Cymru mor flaenllaw yn y protestiadau yn erbyn boddi Tryweryn, ac ymddengys mai ar gyngor y garfan hon y gwrandawai'r ysgrifennydd, Herbert Griffin, yn bennaf. Dangosodd Griffin yn eglur ei amharodrwydd i ymuno ag unrhyw brotest y gellid ei hystyried yn genedlaetholgar. Yr oedd o'r farn na ddylai Ymgyrch Diogelu Cymru Wledig fynegi ei chefnogaeth i Bwyllgor Amddiffyn Capel Celyn: 'the more I go into this matter the less inclined I am to commit the CPRW'. Ymddengys nad oedd yn llawn ymwybodol o'r gwrthwynebiad eang a fodolai yng Nghymru i gynllun Tryweryn. Dywedodd wrth C. J. Gibbs, dirprwy brif swyddog yr Ymddiriedolaeth Genedlaethol: 'I don't sense any great objection to the actual reservoir except from extremists.'

Mynegodd Griffin safbwynt cyffelyb wrth bobl ddylanwadol o fewn Corfforaeth Lerpwl. Y mae ei ohebiaeth â John Stilgoe, Peiriannydd Dŵr y Ddinas a'r gŵr a oedd yn bennaf cyfrifol am ddatblygiad cynllun Tryweryn, yn hynod ddiddorol. Yn y llythyrau, mynegai Griffin farn bersonol sy'n ymddangos braidd yn rhyfedd a chyfeiliornus. Ceir sawl awgrym naill ai ei fod yn ceisio camarwain Stilgoe neu, yn fwy tebygol, ei fod wedi camddeall yn llwyr y sefyllfa yn sir Feirionnydd. Meddai:

> My impression is that much of the opposition to the proposal would abate if that part of the scheme affecting the Upper Conway . . . could be omitted.

Ond mynegai eraill o fewn y mudiad farn dra gwahanol. O'r cychwyn cyntaf bu cangen Meirionnydd o Ymgyrch Diogelu Cymru Wledig yn wrthwynebus iawn i gynllun Tryweryn yn ei gyfanrwydd. Er bod nifer o aelodau blaenllaw yn ddigon drwgdybus o Blaid Cymru, ymddengys fod aelodau'r gangen bron yn unfrydol eu gwrthwynebiad. Eithriadau prin oedd pobl megis Cyrnol Williams-Wynne, Peniarth. Ym mis Mawrth a mis Mai 1956 mynegodd aelodau'r gangen eu gwrthwynebiad chwyrn i'r cynllun mewn sawl llythyr a anfonwyd at gynghorwyr a swyddogion dinas Lerpwl, a phasiwyd cynigion cryf gan y pwyllgor sir:

> the branch is more than ever convinced that its objection to this scheme is well-founded and should be fought.

Bu ysgrifennydd y gangen, K. Olwen Rees, yn cydweithio â Phwyllgor Amddiffyn Capel Celyn ac yn gohebu'n gyson â John Stilgoe yn Lerpwl. Ceisiai hi ac eraill ddwyn perswâd ar Griffin a'r pwyllgor canolog i wrthwynebu cynllun Tryweryn yn ei gyfanrwydd, gan bwysleisio'r ffaith fod gwrthwynebiad cryf yn bodoli ymhlith trigolion yr ardal. Ysgrifennodd Vincent Evans, un o swyddogion y gangen, lythyr hir at

Griffin yn dweud nad oedd cangen Meirionnydd am gyfaddawdu dim, a'i bod am i Ymgyrch Diogelu Cymru Wledig wrthwynebu cynllun Lerpwl hyd yr eithaf:

> the Merioneth Branch feels very strongly on this matter and local feeling runs high! . . . Some of our members . . . are terribly upset by the proposed destruction of the village of Capel Celyn . . . I fear that if the Bill goes through in toto it will have an adverse affect on our membership.

Yr oedd nifer o aelodau cangen Meirionnydd yn ddig oherwydd bod eu safbwynt hwy yn cael ei anwybyddu ac oherwydd bod gwrthwynebiad cangen Arfon i'r bwriad o dynnu dŵr o afon Conwy yn cael ei ystyried yn bwysicach gan yr arweinyddiaeth. Mewn llythyr arall at Griffin, meddai Vincent Evans:

> The members of the Committee of Merioneth Branch CPRW are rather perturbed by the fact that the local objections to the scheme are apparently ignored and the Carnarvonshire objections accepted as being the only valid ones.

Erbyn 1957 awgryma'r dystiolaeth yn gryf fod y gangen wedi syrffedu'n llwyr ar bolisi swyddogol Ymgyrch Diogelu Cymru Wledig. Ar gais unfrydol y pwyllgor sirol, cwynodd Olwen Rees wrth Griffin:

> I should write to inform you that the Branch much regrets that, seemingly, HQ is not supporting the views of the Merioneth Branch in any way.

Rhaid holi, felly, paham yr oedd gwahaniaeth mor drawiadol wedi ymddangos rhwng y polisi swyddogol ac agwedd aelodau lleol y mudiad? Diau fod cefndir cymdeithasol yr aelodau yn cynnig rhai atebion. Yn ôl Pyrs

Gruffudd, yn ystod yr Ail Ryfel Byd daeth rhai o arweinwyr Ymgyrch Diogelu Cymru Wledig yn fwyfwy ymwybodol o'r angen i ehangu cyfansoddiad a natur gymdeithasol y mudiad, ac y mae'n bosibl mai'r awydd hwn a oedd y tu ôl i'r ymgais i ailsefydlu cangen Meirionnydd ym 1952. Yn hytrach na sefydlu cangen trwy ddefnyddio cysylltiadau anffurfiol ymhlith y dosbarth breintiedig, fel y gwnaed yn y gorffennol, gwnaethpwyd ymgais i ddenu aelodau newydd trwy gynnal cyfarfodydd cyhoeddus ym mhentrefi Meirionnydd a thrwy gynnig aelodaeth am bris gostyngol. Er bod nifer o dirfeddianwyr yn dal i berthyn i'r gangen, ymddengys fod yr ymgyrch wedi llwyddo, a bod y gynrychiolaeth o wahanol haenau cymdeithasol yng nghangen Meirionnydd yn y 1950au yn gymharol eang. Yn ogystal, ceir tystiolaeth fod nifer sylweddol o Gymry Cymraeg yn perthyn iddi. Ar fwy nag un achlysur bu'n rhaid i'r gangen ofyn i'r pencadlys am ragor o bosteri a phamffledi yn yr iaith Gymraeg er mwyn hybu ei gweithgarwch.

Yn ei lythyrau at aelodau o gangen Meirionnydd ceisiai Griffin gyfiawnhau polisi'r mudiad, sef canolbwyntio ar wrthwynebu Cymalau Conwy yn unig, trwy ddweud nad oedd gan Ymgyrch Diogelu Cymru Wledig yr adnoddau i wrthwynebu'r cynllun cyfan, yn enwedig gan y byddai gwrthdystiad o'r fath, yn ei dyb ef, yn annhebyg iawn o lwyddo. Yn ddiamheuol, yr oedd cyflwyno deiseb seneddol yn broses cymhleth a chostus, ac yr oedd sefyllfa ariannol y mudiad yn fregus, fel y tystiodd T. Alwyn Lloyd, pensaer adnabyddus ac un o hoelion wyth Ymgyrch Diogelu Cymru Wledig: 'When the accounts were referred to at the last Executive, the outlook was somewhat depressing.' Dadleuai Griffin fod y polisi o geisio ennill consesiwn cymharol fychan oddi wrth Lerpwl yn realistig dan yr amgylchiadau, a bod eu hymgynghorwr peirianyddol wedi ei gynghori mai ffôl fyddai gwrthwynebu cynllun Tryweryn yn ei gyfanrwydd.

Ond y mae'n gwbl eglur nad oedd gan arweinyddiaeth

Ymgyrch Diogelu Cymru Wledig unrhyw fwriad i wrthwynebu'r cynllun cyfan ar unrhyw adeg. Penderfynwyd ar yr egwyddor o ganolbwyntio ar Gymalau Conwy cyn i Rafferty gyflwyno ei adroddiad peirianyddol, ac ni wnaethpwyd unrhyw ymdrech i ddefnyddio tactegau ymgyrchu llai costus nac i gyflwyno deiseb. Ymateb greddfol nifer o arweinwyr mwyaf dylanwadol y mudiad o'r cychwyn cyntaf oedd amddiffyn Dyffryn Conwy yn unig, ac y mae'n bur debyg mai'r un fuasai'r polisi ni waeth faint o arian a geid yng nghoffrau'r mudiad. Yr oedd swyddogion yr Ymgyrch a'r Ymddiriedolaeth Genedlaethol yn fodlon iawn ar y cyfaddawd y daethpwyd iddo â Lerpwl, fel yr awgryma'r adroddiad ar Dryweryn yn adroddiad blynyddol y mudiad, adroddiad sy'n honni bod y newidiadau yn y Ddeddf derfynol yn gyfystyr â 'a victory for a Welsh cause'! Dadlennir hyn oll mewn llythyrau yn ymwneud â chynhadledd a drefnwyd ym mis Hydref 1957 gan Arglwydd Faer Caerdydd er mwyn ceisio dod i gyfaddawd a pherswadio Lerpwl i dderbyn cynllun dŵr gwahanol a fyddai'n achub rhan o Ddyffryn Tryweryn. Credai Griffin fod Ymgyrch Diogelu Cymru Wledig eisoes wedi cyflawni ei hamcanion drwy berswadio Lerpwl i ddileu Cymalau Conwy ac, yn ôl Jack Rathbone o'r Ymddiriedolaeth Genedlaethol, 'We are on the whole satisfied with the solution already arrived at.'

Ymddengys fod agwedd cangen Meirionnydd wedi achosi cryn boendod i'r arweinyddiaeth a bod drwgdeimlad dwys wedi deillio o'r tyndra a geid o fewn y mudiad. Gwahoddwyd cynrychiolwyr o Ymgyrch Diogelu Cymru Wledig i'r cyfarfod a drefnwyd gan yr Arglwydd Faer yng Nghaerdydd ym 1957; yn eu plith yr oedd un aelod o Feirionnydd a bu'r arweinwyr yn trafod ei ymateb tebygol ymlaen llaw. Mynegwyd y gobaith na fyddai cynrychiolydd cangen Meirionnydd yn datgan unrhyw safbwynt milwriaethus. Ysgrifennodd H. H. Symonds: 'Try to get any

Merioneth representative to keep his mouth shut', ac meddai Alwyn Lloyd, 'I do hope that whoever comes from Merioneth will be tactful and not indulge in any further "spouting"'. Cytunai Griffin, ond nid oedd yn rhy obeithiol: 'I suppose it is hopeless to expect any Merioneth representative . . . to hold his peace.'

Er bod y dystiolaeth yn brinnach, gellir dweud â chryn sicrwydd i densiynau godi hefyd o fewn yr Ymddiriedolaeth Genedlaethol. Yr oedd H. J. D. Tetley, prif asiant yr Ymddiriedolaeth yng ngogledd Cymru, yn ymwybodol iawn o'r gwrthwynebiad a fodolai yng Nghymru, a chydymdeimlai'n fawr â'r ddadl na ddylai Lerpwl ddwyn adnoddau naturiol oddi wrth ardal a oedd eisoes yn dioddef o ddiboblogi a diweithdra. Credai y dylai'r Ymddiriedolaeth ac Ymgyrch Diogelu Cymru Wledig gydweithio â'r cynghorau sir a'r cenedlaetholwyr i wrthwynebu'r cynllun hyd yr eithaf. Ond, fel yn achos Ymgyrch Diogelu Cymru Wledig, penderfyniad arweinyddiaeth yr Ymddiriedolaeth yn Llundain oedd gwrthwynebu Cymalau Conwy yn unig a gwneud pob ymdrech i gyfaddawdu â Lerpwl. Y mae'n haws deall amharodrwydd yr Ymddiriedolaeth Genedlaethol i gymryd safbwynt eithafol yn erbyn cynllun Tryweryn gan mai ei phrif ddiddordeb yn y mater oedd diogelu harddwch a chyflenwad dŵr ei hystad, sef Ystad Ysbyty yn Nyffryn Conwy. Ond, ar y llaw arall, bu'r Ymddiriedolaeth yn llawer mwy croch ei beirniadaeth ar gynllun Warrington i godi argae yn Nyffryn Ceiriog yn y 1920au. Y pryd hwnnw penderfynwyd cyflwyno deiseb seneddol a gwrthwynebu'r cynllun yn ei gyfanrwydd. Ni fu ychwaith unrhyw sôn am ymgyrch i godi arian er mwyn diogelu Cwm Tryweryn 'i'r genedl', fel y gwnaed yn achos yr Wyddfa yn ein cyfnod ni.

Eto i gyd, anfoddhaol fyddai ceisio esbonio ymateb llugoer y mudiad cadwraethol yng Nghymru i argyfwng Tryweryn a'r cecru o fewn Ymgyrch Diogelu Cymru Wledig drwy nodi mai dieithriaid i Gymru yn perthyn i grwpiau cymdeithasol breintiedig a Seisnigedig oedd yr arweinyddion. Byddai esboniad o'r fath yn gorsymleiddio'r sefyllfa, ac er bod y cefndir cymdeithasol yn ffactor pwysig rhaid ystyried elfennau eraill, yn enwedig y tyndra deallusol sylfaenol a fodolai o fewn y mudiadau dan sylw. Y mae'n hysbys nad oedd y mudiad amgylcheddol yn y cyfnod hwnnw yn hollol gytûn ynglŷn â'i amcanion a'i flaenoriaethau, ac y mae'r anghytundeb o fewn y mudiad yn allweddol i'n dealltwriaeth o ymateb mudiadau cadwraethol yng Nghymru i argyfwng Tryweryn.

Y mae'r ddadl ynglŷn â chynlluniau trydan yn berthnasol iawn yn y cyswllt hwn. Gellir dweud heb unrhyw amheuaeth fod Ymgyrch Diogelu Cymru Wledig o'r farn mai cynlluniau hydrodrydanol oedd y prif fygythiad i amgylchedd Cymru yn y 1950au. Yn y 1930au paratowyd cynlluniau a fyddai'n defnyddio cyfran helaeth o adnoddau dŵr ucheldiroedd Cymru i'r pwrpas hwnnw, ac atgyfodwyd rhai o'r cynlluniau hyn wedi'r Ail Ryfel Byd pan roes y llywodraeth flaenoriaeth i ailadeiladu'r economi a denu diwydiannau newydd. Bu Ymgyrch Diogelu Cymru Wledig yn flaenllaw yn y protestio yn erbyn prosiectau o'r fath, yn enwedig cynlluniau yn Eryri a Chwm Rheidol. Eu dadl hwy oedd fod y cynlluniau yn amharu ar rai o ardaloedd prydferthaf Cymru ac, yn ogystal â chronni dŵr, y byddai'n rhaid adeiladu pibellau mawrion, pwerdai hyll, a pheilonau ar draws cefn gwlad. Paratowyd cynllun ar un adeg i adeiladu gorsaf bŵer ym Mhenmachno a fyddai'n defnyddio dŵr wedi ei ddargyfeirio o'r ardal i'r gogledd o'r Bala yn ogystal â blaenddyfroedd Dyffryn Conwy. Gallai cynllun Lerpwl yn Nhryweryn, yn nhyb rhai o arweinwyr Ymgyrch Diogelu Cymru Wledig, fod yn fodd i sicrhau na wireddid y cynllun trydan hwn, a bu Griffin a Pheiriannydd Dŵr Lerpwl yn llythyru ar y pwnc. Yr oedd Griffin yn awyddus iawn i wybod a fyddai'r cynllun hydrodrydanol yn mynd i'r gwellt petai Mesur Seneddol Tryweryn yn llwyddo, ac ym mis Mehefin 1956 mynegodd

Stilgoe y farn na fyddai'r cynllun trydan arfaethedig yn bosibl pe adeiledid argae Tryweryn. Meddai:

> I doubt whether that scheme would be a practicable proposition if the Tryweryn scheme proceeds because they appear to conflict in their proposed uses of the water available.

Y mae agwedd Griffin at gynlluniau hydrodrydanol yn adlewyrchu syniadaeth sylfaenol gonfensiynol y mudiad cadwraethol ym Mhrydain yn y cyfnod hwnnw, sef y pwyslais ar elfennau esthetig ac ar reoli'r amgylchedd weledol. Y mae'r dehongliad hwn o'r modd gorau i amddiffyn yr amgylchedd yn ganolog i safbwynt mudiadau cadwraethol yng Nghymru adeg argyfwng Tryweryn. Yn ôl diffiniad arweinwyr Ymgyrch Diogelu Cymru Wledig, yr oedd cynllun Tryweryn, er ei fod yn bygwth dadwreiddio cymuned, yn llai andwyol i'r amgylchedd na chynllun hydro a fyddai'n anharddu'r tirlun mewn ardal llawer ehangach oherwydd y pibellau a'r peilonau. Daw'r ystyriaethau hyn i'r amlwg yn nhystiolaeth sawl aelod blaenllaw o Ymgyrch Diogelu Cymru Wledig, gan gynnwys y Parchedig H. H. Symonds a Syr Patrick Abercrombie, dau arbenigwr y dibynnai Herbert Griffin arnynt am gyngor yn fynych. Yr oedd y ddau yn hanu o'r tu allan i Gymru, ond yr oeddynt hefyd yn wybodus iawn am Gymru a'i hamgylchedd, ac wedi cymryd rhan flaenllaw mewn ymgyrchoedd Cymreig yn y gorffennol. Mynegodd Abercrombie ei bryderon ynglŷn â rhai agweddau ar gynllun Tryweryn, ond credai ei fod yn llawer gwell na chynllun hydrodrydanol. Cytunai Symonds:

> Liverpool's Tryweryn scheme is far preferable to the ... Conway [hydro] scheme; it involves far less civil engineering (and what there will be would be far less injurious to the landscape) and, above all, no power stations and no linking pylons.

Yn ogystal, rhoddai syniadaeth y mudiad fwy o werth ar rai mathau o dirwedd nag eraill. Dadleua rhai haneswyr, megis Bill Luckin, y gellir darganfod hanfod cred grwpiau megis Ymgyrch Diogelu Cymru Wledig yng ngwaith ysgrifenedig G. M. Trevelyan, Vaughan Cornish ac, i raddau, Clough Williams-Ellis. Hiraethai Trevelyan a Cornish am y math o amgylchedd iwtopaidd gyn-ddiwydiannol a ddisgrifiwyd yn llenyddiaeth ramantaidd Ruskin a Wordsworth. Y mae'r ddelwedd wledig hon o fythynnod taclus, pentrefi cryno, cymdeithas sefydlog a hierarchaidd, a ffermio tir âr traddodiadol, yn Seisnig iawn ei naws. Er bod ambell un yn dadlau bod gan ddyffryn gwyllt a phoblogaeth wasgaredig, megis Cwm Tryweryn, ei brydferthwch arbennig ei hun, tueddai'r mudiad cadwraethol yn y cyfnod hwnnw bennu pa dirlun a oedd fwyaf gwerthfawr yn ôl y ddelwedd esthetig o'r 'Arcadian England' hon.

O fewn y fframwaith deallusol hwn, nid yw'n syndod fod Ymgyrch Diogelu Cymru Wledig a'r Ymddiriedolaeth Genedlaethol wedi canolbwyntio ar ddiogelu Dyffryn Conwy, a oedd yn ardal hardd ac yn gyrchfan poblogaidd i dwristiaid. Dyffryn gwyllt diarffordd oedd Cwm Tryweryn, yn ôl Cyrnol Williams-Wynne:

> The plan, as it stands, does negligible harm to the scenery in what one can only describe as a very ordinary, rather barren valley ... I feel ... that the CPRW ought to concentrate on the really important infringements of good taste, beauty and natural heritage.

Credai rhai, megis W. J. Hemp, y byddai creu cronfa ddŵr yn Nyffryn Tryweryn yn gwella'r olygfa:

> I am inclined to agree ... that it would rather improve the landscape, if the reservoir could always be kept full and not show that ugly rim of dead land.

Yr oedd agwedd y mudiad at gynllun Tryweryn, felly, yn gyson â'i bolisi cyffredinol ac yn debyg i'w agwedd at gynlluniau dŵr eraill megis argaeau Caerdydd ym Mannau Brycheiniog. Yn yr achos hwnnw, yr oedd y mudiad yn awyddus i sicrhau y byddai gan y cyhoedd hawl i grwydro'r Bannau ac na fyddai dargyfeirio priffordd yr A470 yn anharddu gormod ar y tirlun. Y mae'n arwyddocaol fod y mudiadau cadwraethol yn fodlon iawn gwrthwynebu cynllun dŵr hyd yr eithaf pan geid bygythiad i lecyn confensiynol o brydferth a deniadol, megis cynlluniau Manceinion yn Ardal y Llynnoedd, pan fu i'r CPRE, chwaerfudiad Ymgyrch Diogelu Cymru Wledig, chwarae rhan amlwg yn y gwrthwynebiad.

Cefnogid yr agwedd esthetig hon gan gyrff cyhoeddus eraill, megis Comisiwn y Parciau Cenedlaethol. Pwysleisiai adroddiad Comisiwn y Llywodraeth ar gynllun Tryweryn mai diogelu harddwch esthetig Eryri oedd ei brif flaenoriaeth:

> The Tryweryn Valley, in which the proposed reservoir will be situated, is an area of rough grazing land distinguished by the two mountain peaks of Arenig Fawr and Arenig Fach, but otherwise of less outstanding attractiveness than some of the very fine scenery which is to be found in other parts of the Snowdonia National Park. In the Commission's view, provided that the works are designed so as to fit smoothly into the landscape, a reservoir in this situation need not involve serious damage to the view.

Tybid y byddai effaith Cymalau Conwy ar y rhaeadrau ger Pentrefoelas yn llawer mwy difrifol na boddi Cwm Tryweryn, a cheir dogfen fewnol gan y Comisiwn sy'n canolbwyntio'n llwyr ar yr effaith ar y diwydiant twristiaeth a physgota yn Nyffryn Conwy. Felly, coleddai'r Comisiwn ac arweinwyr Ymgyrch Diogelu Cymru Wledig syniadau cyffelyb ynglŷn â'r amgylchedd: rhoddent bwyslais ar elfennau gweledol a thybient nad oedd Cwm Tryweryn ymhlith y llecynnau mwyaf hardd a gwerthfawr.

Cwbl deg, felly, yw'r disgrifiad canlynol gan Pyrs Gruffudd o agwedd arweinyddiaeth Ymgyrch Diogelu Cymru Wledig:

> The CPRW ... promoted an idea of landscape as an aesthetic construct largely independent of its cultural context ... Landscape thus became something to be managed rather than an expression of an evolving relation between a native people and their land.

Yr agwedd hon a oedd wrth wraidd syniadaeth y 'sefydliad' cadwraethol, ac y mae i ryw raddau yn esbonio ymateb swyddogion Comisiwn y Parciau Cenedlaethol ac arweinwyr y prif fudiadau cadwraethol adeg argyfwng Tryweryn. Ond yr oedd eraill o'r farn fod y cyd-destun diwylliannol, a'r bobl a drigai o fewn yr amgylchedd, yn rhan bwysig o'r agenda amgylcheddol. Y mae'r tyndra deallusol hwn rhwng gwahanol ffyrdd o 'weld' neu ddirnad yr amgylchedd yn hollol allweddol yn achos Tryweryn.

Er nad oedd y gogwydd amgylcheddol yn rhan arbennig o amlwg o ymgyrch Plaid Cymru yn erbyn boddi Capel Celyn, fe'i ceid yn y cefndir, ac y mae'n dadlennu'r berthynas glòs sydd weithiau'n bodoli rhwng syniadau cadwraethol a chenedlaetholgar. Ceir enghreifftiau diddorol o agwedd Plaid Cymru yn y pamffledi a gyhoeddwyd yn erbyn cynlluniau Lerpwl. Honnai Gwynfor Evans, er enghraifft, fod cysylltiad agos rhwng y tirlun a'r gymdeithas a oedd yn trigo yno, a bod amddiffyn y tir hwnnw yn gyfystyr ag amddiffyn ffordd o fyw. Dadleuai fod tir Cwm Tryweryn yn cynnal cymuned fyw, wâr a Chymreig, a bod cymunedau o'r fath yn cynnal y genedl ei hun. Pwysleisiai fod yr un cwm a'r un ffermydd wedi bod yn gartref i deuluoedd Capel Celyn ers cenedlaethau, a bod y fro wledig honno yn cynrychioli gwerthoedd a diwylliant arbennig. Y mae'r dehongliad hwn yn adlewyrchu'r syniad organig am yr amgylchedd, lle y mae pobl a chymunedau yn rhan annatod o'r ffordd o ddirnad y tirlun sydd o'u cwmpas. Ceir mewn nifer o wledydd, gan gynnwys Lloegr a'i thraddodiad am 'Arcadian England', draddodiadau sy'n awgrymu bod tirlun gwlad yn ymgorfforiad o hanes, hunaniaeth, a ffordd o fyw y bobl gyffredin.

Y mae cartŵn a geir ar glawr un o bamffledi Plaid Cymru, *Save Cwm Tryweryn for Wales*, hefyd yn dadlennu'r wedd amgylcheddol a oedd yn perthyn i ddadleuon y Blaid ynglŷn â Thryweryn. Ceisiai bortreadu bywyd yn y cwm cyn y boddi ac ar ôl hynny, ac y mae'r darlun o'r ardal ar y chwith yn awgrymu cymdeithas mewn cytgord â'i chynefin. Ceir mynyddoedd yn y cefndir, bwthyn clyd yn swatio ger cae o wenith melyn, bugail yn gofalu am ei ddefaid, a'r gymdeithas glòs yn heidio i'r capel. Dengys pamffled o eiddo Plaid Cymru ar argaeau hydrodrydanol, *Trydan Heb Ddifrod*, syniadau cyffelyb am y cysylltiad rhwng y gymdeithas a'r amgylchedd naturiol:

> Ni ddylid difrodi harddwch digymar ein gwlad gyda'r cynlluniau hyn. Y mae'r harddwch hwn yn rhan o dreftadaeth genedlaethol y genedl Gymreig, yn un o'r dylanwadau nobl a foldiodd gymeriad arbennig ein cenedl, yn un o'r dylanwadau sydd o hyd yn moldio ac yn cynnal cymeriad ein cenedl.

Buasai syniadau fel hyn yn rhan o gredo rhai o arweinwyr Plaid Cymru er y cychwyn cyntaf. Mewn cyfarfod cyhoeddus yn Aberdâr ym 1923 bu Saunders Lewis yn gwrthwynebu cynllun Warrington i foddi Dyffryn Ceiriog ar y sail hon:

> Yr oedd tir cenedl yn bwysig iddi. Yr oedd ei phrofiad a'i thraddodiadau yn gysylltiedig â lleoedd. Daethai rhannau o'r wlad yn diroedd sanctaidd. Byddai torri ymaith oddi wrth dir felly yn golled i'w bywyd. Collid yr atgof oedd ynglŷn ag ef a'r ysbrydiaeth a gynhyrchai. Yr oedd yn ddyletswydd gysegredig ar genedl amddiffyn ei thir.

35 Protest trigolion Cwm Celyn a'r cylch yn Lerpwl, 21 Tachwedd 1956.

36 Protestwyr Cwm Celyn a'r cylch yn gorymdeithio drwy ddinas Lerpwl, 21 Tachwedd 1956.

Dywedwyd mewn erthygl yn *Y Ddraig Goch* ym 1928:

> Ers canrifoedd bu harddwch Cymru yn destun balchder ei thrigolion, yn ysbrydoliaeth cenedlaethol ac yn fagwrfa diwylliant.

Bu syniadau gwŷr megis Iorwerth C. Peate ynglŷn â'r cysylltiad rhwng daearyddiaeth Cymru a chymunedau'r 'werin' yn ddylanwad mawr ar agweddau Plaid Cymru at amgylchedd a thirlun y wlad. Yn ôl Peate a hefyd J. E. Jones, gŵr a fu i bob pwrpas yn trefnu ymgyrch Plaid Cymru yn erbyn boddi Capel Celyn, yr oedd ucheldir Cymru yn fan lle'r oedd diwylliant y werin yn ddiogel. Yn achos Tryweryn, byddai adeiladu gweithfeydd yn y cwm i ddiwallu anghenion Lloegr yn weithred o drais yn erbyn traddodiad a ffordd y werin-bobl o fyw. Yn ôl Pyrs Gruffudd, yr oedd syniadau Peate a Phlaid Cymru yn ddull mwy cymhleth o ddehongli'r amgylchedd, yn her i ddehongliad y sefydliad a chymdeithas Seisnigedig, ac yn un ymhlith sawl ffrwd ddeallusol a oedd yn cystadlu â'i gilydd y pryd hwnnw. Awgryma'r dystiolaeth fod y gwahanol syniadau hyn wedi dod benben â'i gilydd yn achos Tryweryn.

Diddorol yw cymharu pamffledi Plaid Cymru â syniadau rhai o aelodau blaenllaw cangen Meirionnydd o Ymgyrch Diogelu Cymru Wledig. Wrth geisio darbwyllo Griffin y dylid dilyn polisi cadarnach yn erbyn cynllun Tryweryn, meddai Vincent Evans:

> My Committee rightly or wrongly believe that the making of a reservoir will destroy the wild and natural beauty of the area which by its very wildness attracts lovers of that particular type of beauty. They think that the destruction of the village of Capel Celyn and the Welsh way of life that has grown up with the village cannot be replaced by the rebuilding of the village elsewhere... The new village will be filled up by

outsiders brought in to look after the Reservoir and another area where the Welsh way of life is practised will disappear.

Ymddengys fod syniadau Vincent Evans ynglŷn â chadwraeth yn debyg i ryw raddau i syniadau Iorwerth Peate a Phlaid Cymru gyda'u pwyslais ar y 'werin' a'r cysylltiad rhwng yr amgylchedd naturiol a'r gymdeithas gynhenid. Yn y cyswllt hwn, y mae'n bwysig nodi bod cyfansoddiad cangen Meirionnydd o Ymgyrch Diogelu Cymru Wledig, yn wahanol i gyfansoddiad y sefydliad canolog, yn cyfeirio'n uniongyrchol at yr angen i ddiogelu pentrefi a chymunedau. Y mae'r tyndra hwn yn gwbl ganolog i'r sawl sydd am ddeall ymateb y mudiad cadwraethol i argyfwng Tryweryn.

Cyflawnodd Pyrs Gruffudd waith diddorol iawn ar wrthdaro cyffelyb a ddigwyddodd rhwng syniadau organig ac esthetig o'r amgylchedd yn y cyfnod cyn yr Ail Ryfel Byd. Er bod Plaid Cymru ac Ymgyrch Diogelu Cymru Wledig yn rhannu nifer o'r un delfrydau ynglŷn â cheisio diogelu cefn gwlad rhag ei anharddu, ceir blas ar beth o'r gwrthdaro hwn yng ngholofnau'r *Ddraig Goch*. Mewn adroddiad am un o argyfyngau ariannol achlysurol Ymgyrch Diogelu Cymru Wledig, dywedodd y golygydd:

> Pe buasai'r Cyngor hwn yn apelio at rywbeth dyfnach a grymusach na diletantiaeth artistig . . . byddai ei apêl at Gymru a'i neges i Gymru yn fwy ei dylanwad.

Cyhuddwyd yr Ymgyrch o gynrychioli buddiannau'r dosbarth canol, ymwelwyr a mewnfudwyr, ac o ganolbwyntio ar amgylchedd weledol chwaethus ar draul sicrhau bod y gymdeithas wledig yn un fyw ac yn un lle y gallai'r trigolion gael gwaith sefydlog. Beirniadwyd Clough Williams-Ellis am ymboeni mwy am adeiladau a golygfeydd nag am bobl, a phrin fod datganiadau arweinwyr Ymgyrch Diogelu Cymru Wledig am Blaid Cymru yn fwy caredig. Diddorol fyddai cymharu agwedd Ymgyrch Diogelu Cymru Wledig at genedlaetholdeb Cymreig â'r sefyllfa yn yr Alban yn y 1930au. Pan fygythiwyd ardal Fort William gan gynlluniau creu gweithfeydd dŵr, llwyddodd cenedlaetholwyr a mudiadau cadwraethol i gydweithio'n dra effeithiol.

Gwelwyd enghraifft benodol o'r tyndra sylfaenol rhwng syniadau esthetig ac organig am yr amgylchedd adeg cyhoeddi adroddiad Pwyllgor Scott, *Defnydd Tir Mewn Ardaloedd Gwledig*, ym 1942. Beirniadodd Iorwerth Peate yr adroddiad am drin cefn gwlad Cymru megis parc hamdden ac fel ffynhonnell adnoddau crai ar gyfer trigolion trefi Lloegr, gan anwybyddu'r trigolion lleol yn llwyr. Ond, yn ôl adroddiad a wnaed gan Ymgyrch Diogelu Cymru Wledig, yr oedd polisi'r mudiad a safbwynt Adroddiad Scott yn drawiadol o debyg. Y mae safbwyntiau gwahanol Ymgyrch Diogelu Cymru Wledig a Phlaid Cymru ar drydan hydro hefyd yn ddiddorol. Fel y soniwyd eisoes, tybiai'r mudiad cadwraethol fod cynlluniau o'r fath yn fwy o fygythiad i'r amgylchedd na chynllun dŵr yfed megis Tryweryn oherwydd byddai peilonau a phwerdai yn amharu mwy ar y tirlun gweledol. Yn ôl nifer o wleidyddion cenedlaetholgar yn y 1940au a'r 1950au, yr oedd cynlluniau datblygu ynni trydan dŵr ar raddfa fechan yn haeddu cefnogaeth oherwydd gallent gryfhau economi cefn gwlad a sicrhau bod adnoddau naturiol Cymru yn cael eu defnyddio er budd y trigolion lleol.

Diddorol hefyd yw'r gwrthdaro amgylcheddol a gododd yn sgil cynlluniau'r Awyrlu ym Mhen Llŷn yn y 1930au. Bu anghydweld rhwng cenedlaetholwyr ac arweinwyr y mudiad cadwraethol ac achoswyd rhwygiadau dyfnion o fewn Ymgyrch Diogelu Cymru Wledig. Fel yn achos Tryweryn, yr oedd y mudiad yn anfodlon ystyried dadleuon cymdeithasol a diwylliannol, gan fynnu canolbwyntio yn unig ar geisio newid y cynlluniau er mwyn sicrhau bod pensaernïaeth adeiladau'r Awyrlu yn gweddu i dirwedd Porth Neigwl. Credai Clough Williams-Ellis nad oedd dadleuon diwylliannol yn ddigon cryf i gyfiawnhau peryglu paratoadau milwrol y wlad, a thybiai y gellid defnyddio'r llecyn at ddibenion llawer gwaeth. Ond arweiniodd safbwynt y mudiad at wrthdaro hallt o fewn cangen sir Gaernarfon, ac at feirniadaeth chwyrn o du rhai cenedlaetholwyr a fuasai ar un adeg yn gefnogol i'r mudiad. Ymddiswyddodd Saunders Lewis o'r Ymgyrch ym 1936 o ganlyniad i'w pholisi ar y mater, a dadrithiwyd gwŷr megis Iorwerth Peate ac Alwyn Lloyd wedi iddynt fethu perswadio'r arweinyddiaeth i wrthwynebu cynlluniau'r Awyrlu. Credai Peate fod Ymgyrch Diogelu Cymru Wledig yn ymddwyn yn llwfr drwy geisio peidio â digio'r Llywodraeth a gwŷr busnes a oedd o blaid y cynllun ar sail economaidd, a honnodd fod mudiadau cadwraethol yn gwbl ddiwerth oni cheisient ddiogelu'r gymdeithas a'r diwylliant gwledig.

Deil Pyrs Gruffudd fod Ymgyrch Diogelu Cymru Wledig wedi dysgu rhai gwersi yn sgil ei helbulon ym Mhen Llŷn yn y 1930au. Sylweddolodd nifer o'i haelodau nad oedd eu mudiad yn adlewyrchu'r farn boblogaidd ac yr oedd y cyhoedd o'r farn ei bod yn cynrychioli buddiannau carfanau a grwpiau dethol o fewn cymdeithas. Bu hyn, medd Gruffudd, yn symbyliad i'r Ymgyrch i ailstrwythuro ac ailystyried ei syniadaeth a'i hagwedd at Gymru a'i hamgylchedd. Ond dengys profiad Tryweryn fod angen diwygio'r ddamcaniaeth hon ryw gymaint. Dengys y gwrthdaro rhwng yr arweinyddiaeth ac aelodau Meirionnydd fod tensiynau amlwg yn parhau o fewn Ymgyrch Diogelu Cymru Wledig. Yn wir, ceir adlais o'r un tensiynau yn y dadleuon a glywir heddiw ynglŷn ag ynni gwynt ac yn y gwrthdaro rhwng carfanau sydd o blaid hybu ynni cynaladwy a'r rhai sy'n pryderu am effaith melinau gwynt ar y tirlun.

Yn ogystal ag astudio achosion blaenorol o wrthdaro amgylcheddol yng Nghymru, buddiol fyddai cymharu ymateb y mudiad amgylcheddol yng Nghymru i helynt Tryweryn â'r dadleuon mewn gwledydd eraill lle y bu dŵr yn bwnc llosg. Oherwydd dibyniaeth gwledydd Llychlyn ar ynni dŵr i gynhyrchu trydan, dioddefodd afonydd Norwy a Sweden yn llawer gwaeth nag afonydd Cymru o ganlyniad i weithfeydd peirianyddol ac argaeau yn ystod yr ugeinfed ganrif. Ceir dros gant o argaeau mawrion ar brif afonydd y gwledydd hyn ac y mae cynlluniau dŵr yn bla gwirioneddol yn rhai ardaloedd, yn enwedig yn y gogledd. Y mae prawf erbyn hyn fod yr argaeau hyn wedi effeithio'n ddybryd ar ecosystemau llawer ardal.

Dengys astudiaethau gan haneswyr yn y ddwy wlad fod yr un math o anghytuno gwleidyddol wedi codi yng Nghymru ag yng ngwledydd Llychlyn. Y mae ardaloedd gogleddol Sweden a Norwy yn gartref i'r bobl Sami, ac y mae dŵr wedi dod yn rhan bwysig o'u hymgyrchoedd dros gadw eu hiaith, eu diwylliant, a'u ffordd o fyw. Cafwyd cwynion yn y ddwy wlad oherwydd bod y Sami a thrigolion eraill y gogledd o'r farn fod eu hadnoddau naturiol hwy yn cael eu defnyddio i gynnal diwydiannau'r de. Bu dadleuon chwyrn a gweithredu uniongyrchol yn erbyn rhai cynlluniau dŵr a fyddai'n gorfodi pobl Sami i symud o'u cartrefi, ac y mae'r gymhariaeth â Chymru yn drawiadol.

Erbyn hyn, y mae'r mudiad amgylcheddol ar flaen y gad yn y frwydr i geisio atal datblygiadau pellach o'r math hwn yng ngwledydd Llychlyn, ond diddorol yw sylwi ar ei ymateb yn y 1950au, yn enwedig yn Sweden. Yn ôl Lars Lövgren, arweinid y mudiad cadwraethol yn Sweden yn y 1950au a'r 1960au cynnar gan *élite* o wyddonwyr, cyfreithwyr, ac eraill o blith haenau uwch y gymdeithas. Eu hagwedd hwy at argaeau a datblygiadau hydrodrydanol oedd ceisio cyfaddawdu ag asiantaethau'r llywodraeth er mwyn diogelu'r llecynnau prydferthaf a mwyaf deniadol i dwristiaid. Gofidient fwy am agweddau esthetig a gweledol nag am fywyd gwyllt a dyfodol cymunedau byw, ac ni roddid fawr o sylw i fuddiannau'r Sami yn y cyfarfodydd a gynhelid rhwng y mudiadau cadwraethol a'r llywodraeth. Dengys y dadleuon adeg Tryweryn fod y tyndra deallusol ynglŷn ag effaith cynlluniau dŵr ar y tirlun a'r amgylchedd yn drawiadol o debyg yng Nghymru i eiddo Sweden.

Gellir cloi, felly, drwy nodi bod y gwahaniaeth sylfaenol yn ymateb y mudiadau cadwraethol a'r mudiadau cenedlaethol i argyfwng Tryweryn, yn ogystal â'r gwrthdaro mewnol rhwng arweinyddiaeth Ymgyrch Diogelu Cymru Wledig a changen Meirionnydd, yn seiliedig ar ddau ffactor cysylltiedig. Yn gyntaf, yr oedd arweinwyr y mudiadau cadwraethol yn aml yn arbenigwyr ym maes cynllunio a rheoli'r amgylchedd, ac yn perthyn i brif ffrwd ddeallusol y mudiad cadwraethol. Iddynt hwy, yr oedd helynt Cwm Tryweryn yn frwydr gymharol ddi-nod yn y rhyfel i ddiogelu harddwch ardaloedd gwledig, a thybient fod cynlluniau hydrodrydanol a datblygiadau eraill yn fwy o fygythiad i amgylchedd gogledd Cymru. Yr oedd nifer ohonynt naill ai yn ddieithriaid i Gymru neu yn perthyn i gylch cymdeithasol cyfyng a Seisnig, ac y mae archif Ymgyrch Diogelu Cymru Wledig yn frith o enghreifftiau o ddiffyg dealltwriaeth pobl megis Herbert Griffin a'r Cyrnol Williams-Wynne o ddaliadau cenedlaetholwyr ac awydd diffuant pobl leol i ddiogelu cymuned ddiarffordd Capel Celyn. Yn ail, ac yn rhannol o ganlyniad i'r cefndir cymdeithasol hwn, coleddent syniadau gwahanol iawn i genedlaetholwyr a thrigolion yr ardal ynghylch y modd o ddirnad y tirlun a'r amgylchedd o'u cwmpas. Y mae'r gwrthdaro syniadol hwn yn hynod o debyg i'r dadleuon gwleidyddol a leisiwyd ar fater dŵr yn Sweden, a hefyd, fel y dangosodd Pyrs Gruffudd, i'r dadleuon cadwraethol a geid yng Nghymru cyn yr Ail Ryfel Byd.

Er bod nifer o aelodau cangen Meirionnydd o Ymgyrch

Diogelu Cymru Wledig yn y 1950au yn ddrwgdybus o Blaid Cymru ac o genedlaetholdeb, i raddau rhannent yr un weledigaeth am yr amgylchedd a'r tirlun, sef mai rhywbeth organig ydoedd a'i fod yn annatod glwm wrth y gymuned fyw a drigai yno. Tybient fod yr angen i ddiogelu cymuned Capel Celyn yn berthnasol iawn i'r ddadl amgylcheddol ac, yn wir, yn rhan annatod ohoni. Yr oedd safbwynt arweinwyr yr Ymddiriedolaeth Genedlaethol ac Ymgyrch Diogelu Cymru Wledig yn dra gwahanol. Mynegodd nifer ohonynt eu cydymdeimlad ar sawl achlysur â'r rheini y gorfodwyd iddynt adael eu cartrefi, ac yn sicr nid oeddynt o blaid cynllun Tryweryn. Ond eu safbwynt fel mudiadau cadwraethol oedd sicrhau bod llecynnau confensiynol deniadol yn parhau'n ddilychwin a bod yr amgylchedd weledol yn parhau yn hardd i'r llygad. Eu prif flaenoriaeth oedd atal cynlluniau hydrodrydanol a fyddai'n amharu llawer mwy ar y tirlun, a rhwystro rhaeadrau Dyffryn Conwy rhag eu difetha. Trwy astudio'r gwahaniaethau deallusol hyn, felly, gallwn ddechrau deall paham y bu'r mudiad cadwraethol yng Nghymru mor gyndyn i ymladd dros fynydd-dir corsiog Cwm Tryweryn a'i drigolion.

DARLLEN PELLACH

D. Cosgrove a G. Petts (goln.), *Water, Engineering and Landscape: Water Control and Landscape Transformation in the Modern Period* (Llundain, 1990).
Alfred T. Davies, *Evicting a Community: The Case for the Preservation of the Historical and Beautiful Valley of the Ceiriog in North Wales* (Llundain, 1923).
John Davies, 'Boddi Capel Celyn', *Cylchgrawn Cymdeithas Hanes a Chofnodion Sir Feirionnydd*, XIII, 2 (1999).
Pyrs Gruffudd, 'Remaking Wales: Nation-Building and the Geographical Imagination, 1925–50', *Political Geography*, 14, rhif 3 (1994).
Pyrs Gruffudd, 'Prospects of Wales: Contested Geographical Imaginations', *Nation, Identity and Social Theory: Perspectives from Wales*, goln. Ralph Fevre ac Andrew Thompson (Caerdydd, 1999).
Gareth Wyn Jones a David White, 'Perceptions of Landscape and the Environment', *Contemporary Wales*, 11 (1998).
Watcyn L. Jones, *Cofio Tryweryn* (Llandysul, 1988).
L. Lövgren, 'Moratorium in Sweden. An account of the dams debate', ac O. Dalland, 'The Last Big Dam in Norway: Whose Victory?', *Dams as Aid: A Political Anatomy of Nordic Development Thinking*, gol. A. D. Usher (Llundain, 1997).
Bill Luckin, *Questions of Power: Electricity and Environment in Inter-War Britain* (Manceinion, 1990).
Einion W. Thomas, *Capel Celyn. Deng Mlynedd o Chwalu: 1955–1965* (Barddas / Gwynedd, 1997).